WENN ICH IN DEN GARTEN GEH

Wenn ich in den Garten geh

Ein Lesespaziergang durch Gärten und Parks

HERAUSGEGEBEN
VON ELSEMARIE MALETZKE

GERSTENBERG

1. KAPITEL

Formale Gärten

Dein Garten ist sehr schön geschmückt!
Hier Statuen und dort Kaskaden;
Die ganze Götterzunft, hier Faunen, dort Najaden,
Und schöne Nymphen, die sich baden:
Und Sand, vom Ganges hergeschickt,
Und Muschelwerk und güldene Vasen,
Und Porzellan auf ausgeschnittnen Rasen,
Und buntes Gitterwerk, und – eines such ich nur –
Ist's möglich, dass was fehlt? Nichts weiter – die Natur.

CHRISTIAN FELIX WEISSE

IM VORAUS

Ziergärten gibt es, seit es der Mensch verstanden hat, neben dem Nützlichen das Schöne zu kultivieren. Wer mag als Erster Rosen neben Porree gepflanzt haben? Wer hat schließlich den Porree in die Gemüseabteilung versetzt und nur noch auf die Schönheit geschaut? Schon die Jungfrau Maria saß im Rosenhag und nicht im Lauchbeet. Der Mensch, der es sich leisten konnte, zog eine Mauer und ein Spalier um seine Rasenbank. Die Geistlichkeit fügte dem Garten Heilkräuter hinzu, die Renaissancefürsten Wasserspiele und Knotenparterres.

Gärten wuchsen sich im Lauf der Zeit zu Prestigeobjekten aus, deren strenge formale Gestaltung ihren

LINKS *Der Garten als Abbild der gebändigten und veredelten Natur. Unbekannter französischer Meister.* UNTEN *Schön und rein wie eine Blume:* Madonna im Rosenhag *von Martin Schongauer, 1473.*

Damen bei eleganter Tätigkeit – sticken, klöppeln und auf dem Virginal spielen – vor einem formalen Garten. Aus dem Album Amicorum, *einer frühen Form des Poesiealbums, des Gervasius Fabricius, um 1603–1637.*

Höhepunkt im 17. Jahrhundert fand. Im Barockgarten wurden Architektur, Hortikultur, Bildhauerei, Malerei, Mode, Wasserkunst und Musik zu einem hoch artifiziellen Miteinander verknüpft. Auf geschmackvollere Weise als im Krieg konnten die Fürsten darin Macht, Geld, Anspruch und exquisite Lebensart ausstellen. Der Garten war eine Erweiterung des Schlosses ins Freie und ein Abbild der erzogenen und veredelten Natur, die, indem die Gärtner sie Anmut lehrten, von der Regellosigkeit und dem Wildwuchs außerhalb der Mauern befreit war. Schönheit wohnte im Gebändigten, und der Fürst konnte sich dank neuer Erfindungen als der Schöpfer eines überlegenen Paradieses fühlen.

Der Gartenarchitekt Le Nôtre gestaltete im Auftrag von Ludwig XIV. den Park von Versailles zu einer vollkommen künstlichen Landschaft um und konnte die Natur dennoch nicht ganz bezwingen. Die Wasserspiele erforderten so viel Logistik und menschliche Kraft beim Pumpen, dass sie nur emporschossen, wenn der König nahte. Hinter seinem Rücken sackten die Fontänen wieder zusammen.

In Deutschland plante der Professor der Philosophie und Gartentheoretiker der Aufklärung, Christian Cay Laurenz Hirschfeld, für die Gärten der Könige und Fürsten einen weiteren Umfang: »Es muss Platz zum Ausweichen sein.« Denn auch das Volk sollte das Recht haben, sich im gepflegten Grün zu ergehen und die Gartenkunst zu verstehen. Aus England kam im 18. Jahrhundert die Idee des Vauxhall Garden auf den Kontinent, eines Vergnügungsparks mit Bühne, Kapelle, Café und Feuerwerk. Dass sich darin auch allerlei freche Frauenzimmer herumtrieben, war ja nichts Neues. Schon der höfische Lustgarten war nicht nur zum Lustwandeln geschaffen worden, sondern auch als Kulisse für allerlei Maskenspiel und zweifelhaftes Treiben zwischen den gestutzten Hecken.

ELSEMARIE MALETZKE

DIE NATUR IST SCHEUSSLICH

Dort liegt ein wüster Erdstrich, eine traurige, von Menschen nie bewohnte Gegend, deren Höhen mit dichten schwarzen Wäldern überzogen sind. Bäume ohne Rinde, ohne Wipfel, gekrümmt oder vor Alter hinfällig und zerbrochen; andere in noch weit größerer Zahl, an ihrem Fuße hingestreckt, um auf bereits verfaulten Holzhaufen zu modern – ersticken und vergraben die Keime, die schon im Begriff waren, hervorzubrechen. (…) die Erde, mit den Trümmern ihrer eigenen Produkte belastet, trägt Schutthaufen anstatt des blumigen Grüns und abgelebte Bäume, die mit Schmarotzerpflanzen, Moosen und Schwämmen, den unreinen Früchten der Fäulnis, beladen sind. In allen niedrigen Teilen dieser Gegend stockt totes Wasser, weil es weder Abfluss noch Richtung erhält; das schlammige Erdreich, das weder fest noch flüssig und deshalb unzugänglich ist, bleibt den Bewohnern der Erde und des Wassers unbrauchbar. Sümpfe, die mit übelriechenden Wasserpflanzen bedeckt sind, ernähren nur giftige Insekten und dienen unreinen Tieren

Alt, knorpelig und auf dem absterbenden Ast. Adolf von Menzel zeichnete diesen Baum um 1875.

zum Aufenthalt. (...) Keine Straße, keine Gemeinschaft, nicht einmal die Spur von einem verständigen Wesen zeigt sich in dieser Wüstenei. (...) der Mensch (...) spricht: Die Natur ist scheußlich und liegt in ihren letzten Zügen; ich, nur ich allein, kann ihr Anmut und Leben schenken.

GEORGES-LOUIS LECLERC COMTE DE BUFFON

ZARTE WUNDERTRÄUME

Nach Tische verließ die Gesellschaft Würzburg und begab sich nach dem Lustschlosse Werneck. Im Garten dieses ehemals fürstbischöflichen Schlosses sind noch einige schön geflochtene Berceaus nach alter französischer Art, und Ferdinand ergoss sich in Lobpreisungen dieser jetzt verschmähten Gartenkunst, für welche er eine fast übertriebene Vorliebe zeigte. Nichts so Entzückendes, rief er aus, als ein solches dicht geflochtenes hohes Gewölbe von glänzendem, jungem Buchenlaub. Die Sonnenhitze kann nicht durchdringen, und man wandelt wie in einem lebendigen Saale oder dem Schiff einer Kirche, dessen Wölbung das glänzende Licht in Smaragde verwandelt. Die erfrischende Kühle spielt durch den weiten, langen Raum; im Sturm und Regen ist der Gartenfreund hier wie im Schlosse selbst gesichert.

Wie in einem lebendigen Saal wandelt man unter dem verflochtenen Baumgewölbe im Park von Schloss Kammer. Gemälde von Gustav Klimt, 1912.

Um zu lesen oder ein vertrautes Gespräch zu führen, ist ein solcher Gang vorzüglich geeignet, ja er erzeugt durch das Offene, Heitere und zugleich Abgeschlossene Vertrauen, und das auffallend Künstliche dieser Bogenwölbung, so innigst mit der Baumschönheit verbunden, ist so lieblich und phantastisch, dass es wie von selbst Poesie und zarte Wunderträume erregt. Preise man nur nicht so unmäßig jene monotonen, melancholischen englischen Gärten, die weit eher ein Rückschritt zur Barbarei zu nennen sind, als dass sie der echten, höheren Gartenkunst sich rühmen oder sich gar für die einzig wahre ausgeben dürften.

LUDWIG TIECK

Rotbuche mit männlichen und weiblichen Blüten und glatten Eckern in stacheliger Kapsel.

DIE SONNENUHR

Selten reicht ein Schauer feuchter Fäule
aus dem Gartenschatten, wo einander
Tropfen fallen hören und ein Wander-
vogel lautet, zu der Säule,
die in Majoran und Koriander
steht und Sommerstunden zeigt;

nur sobald die Dame (der ein Diener
nachfolgt) in dem hellen Florentiner
über ihren Rand sich neigt,
wird sie schattig und verschweigt –.

Oder wenn ein sommerlicher Regen
aufkommt aus dem wogenden Bewegen
hoher Kronen, hat sie eine Pause;
denn sie weiß die Zeit nicht auszudrücken,
die dann in den Frucht- und Blumenstücken
plötzlich glüht im weißen Gartenhause.

RAINER MARIA RILKE

Sie zählt nur die heiteren Stunden – dekorative Sonnenuhr auf einer Säule im Garten.

IM LABYRINTH

Es war ein schwüler Nachmittag. Nolten trat in ein sogenanntes Labyrinth. So heißen bekanntlich in der altfranzösischen Gartenkunst gewisse planmäßig, aber scheinbar willkürlich ineinander geschlungene Laubgänge mit einem einzigen Eingang, welcher sich schwer wiederfinden lässt, wenn man erst eine Strecke weit ins Innere gedrungen ist, weil die grünen, meist spiralförmig umeinanderlaufenden und durch unzählige Zugänge unter sich verbundenen Gemächer fast alle einander gleichen. Die Wege sind sehr reinlich gehalten, die Wände glatt mit der Schere geschnitten, ziemlich hoch und oben gemeiniglich offen. Der Maler schritt in diesen angenehmen Schatten, seinen Gedanken nachhängend, von Zelle zu Zelle, und nachdem er lange vergeblich auf das Zentrum zu treffen gehofft hat, verfolgt er endlich eine bestimmte Richtung und gelangt auch bald in ein größeres rundes Gemach, worauf die verschiedenen Wege von allen Seiten zuführen; es ist oben bis auf eine schmale Öffnung überwölbt, und diese sanfte Dämmerung, die Einsamkeit des Plätzchens, wo kaum das Summen einer Fliege die tiefe süße Mittagstille unterbrach, alles stimmte vollkommen zu den Gefühlen unseres Freundes. Er setzte sich auf eine Bank und schlug die Mappe auf.

EDUARD MÖRIKE

UNTEN *Glatte Wege, glatte Wände und irgendwo ein verborgenes Gemach. Im Labyrinth kann man sich verstecken, verlieren, die Zeit verträumen und am Ausweg verzweifeln.*

Gestern habe ich Vauxhall zum ersten Male besucht. Aus meinem Logis in den Adelphi Buildings hatte ich es nicht weit zur Westminsterbrücke, wo immer eine große Anzahl von Booten auf der Themse befindlich ist, die jedem auf einen Wink zu Gebote stehen, der sich für einen Schilling oder Sixpence fahren lassen will. Von hier fuhr ich also die Themse hinauf nach Vauxhall, wo man im Vorbeifahren zur linken Seite Lambeth und den alten Palast des Bischofs von Canterbury liegen sieht.

Vauxhall ist eigentlich der Name eines kleinen Dorfs, worin der Garten ebendieses Namens befindlich ist. Man zahlt beim Eingange einen Schilling.

Ich fand beim Eintritt wirklich einige Ähnlichkeit mit unserm Berliner Vauxhall, insofern man Kleines mit Größerm vergleichen kann; wenigstens waren die Gänge nebst den Malereien am Ende und den hohen Bäumen, die zuweilen an der Seite derselben einen Wald ausmachen, denen zu Berlin so ähnlich, dass ich mich oft im Spazierengehen auf eine angenehme Art täuschte und vergaß, dass ich so weit von dieser Stadt entfernt war, insbesondere, da ich einige geborne Berliner als den Herrn Kaufmann Splittgerber nebst mehrern hier antraf, mit denen ich den Abend sehr angenehm zubrachte.

Hin und wieder, besonders in einem der künstlichen Wälder in diesem Garten, wird man durch den plötzlichen Anblick der Bildsäulen von berühmten englischen Dichtern und Philosophen, als zum Beispiel Miltons, Thomsons und anderer, angenehm überrascht. Was mich am meisten freute, war die Statue des deutschen Tonkünstlers Händel, welche vorn beim Eingange in den Garten nicht weit vom Orchester befindlich ist. Dies Orchester ist unter einer Menge Bäume, wie in einem Wäldchen, sehr schön errichtet, und gleich beim Eintritt in den Garten schallt einem die

UNTEN *Die Sopranistin Fredericka Weichsel, Star der Londoner Vauxhall Gardens. Karikatur von Thomas Rowlandson.*

Vokal- und Instrumentalmusik entgegen. Es lassen sich hier beständig weibliche Sänger hören.

In der Nähe des Orchesters sind an den Seiten des Gartens kleine Nischen mit Tischen und Bänken, worinnen gespeist wird. Die Gänge vor denselben, so wie überhaupt im Garten, sind beständig gedrängt voll von Menschen aus den allerverschiedensten Ständen. Ich speiste hier mit dem preußischen Legationssekretär und Herrn Splittgerber nebst noch einigen gebornen Berlinern, und was mich am meisten wunderte, war die Frechheit der hiesigen unzüchtigen Weibspersonen, die zu halben Dutzenden mit ihren Kupplerinnen ankamen, welche sich für sich selber und für ihr Gefolge auf die unverschämteste Weise ein Glas Wein nach dem andern ausbaten, das man ihnen nicht gut abschlagen durfte. (...)

Etwas spät in die Nacht sahen wir noch ein prächtiges Schauspiel in einem Teile des Gartens, wo nach aufgezognem Vorhange durch eine künstliche Maschine Auge und Ohr so getäuscht wur-

den, dass man einen wirklichen Wasserfall von einem hohen Felsen herab zu sehen und zu hören glaubte. Als alles im Gedränge hier hinrannte, entstand ein groß Geschrei: »Take care of your pockets!« (Nehmt eure Taschen in Acht!), welches ein Zeichen war, dass einige Beutelschneider unter dem Haufen glückliche Handgriffe gemacht hatten.

Vorzüglich gefiel es mir in der sogenannten Rotunde, einem prächtigen runden Gebäude im Garten, welches vermittelst schöner Kronleuchter und großer Spiegel auf das Schönste erleuchtet war und rundumher mit vortrefflichen Gemälden und Bildsäulen prangte, mit deren Betrachtung man sich stundenlang auf die angenehmste Art beschäftigen kann, wenn man des Gewühls und Gedränges von Menschen in den Lustgängen des Gartens müde ist.

KARL PHILIPP MORITZ

LINKS *In den Londoner Vauxhall Gardens traf sich abends die feine und die halbseidene Gesellschaft zum Wandeln, Flirten, Speisen, Musikhören und um Kunstwerke und Feuerwerk zu bestaunen. Radierung von Thomas Rowlandson.*

UNTEN *Auf die Idee, Buchs, Eibe und andere immergrüne Gehölze in sonderbare Formen zu zwingen, sind schon die Römer verfallen. In England hat die Kunst des* topiary *alle Gartenmoden durch die Jahrhunderte überlebt.*

WIE EIN KONDITORAUFSATZ VON MARZIPAN

Wir waren froh, als die Tafel zu Ende war, weil sie uns viel von dem Hauptparterre ihres Lustgartens erzählet hatte, von dem sie uns versicherte, dass über dessen Schönheit weder Herbst noch Winter einige Gewalt habe. Sie hatte Recht: denn das einzige Grün, das wir darinnen fanden, waren Taxus, Cypressen und Buchsbaum, die in Pfauen, Truthähne, Löwen, Tiger, Pyramiden und korinthische Säulen geschnitzelt waren. Ein Haufen elende Bilder von Sandstein und gebranntem Tone, die Harlekine, Skaramutze, Herren in deutscher Kleidung mit wohlgekräuselten Perücken und Damen in großen Fischbeinröcken vorstellten, stunden an den Ecken der in mancherlei Figuren laufenden Beete. Diese trugen nicht etwa Blumen oder Bäumchen, sondern waren mit bunten Glas- und Porzellanscherbeln, Schlacken, Erzstufen, blauen, roten und gelben Glaskugeln, geklopften Ziegel- und Schie-

fersteinen, gelbem und weißem Sande belegt, und das Ganze sah wie ein altväterlicher Konditoraufsatz von Marzipan aus. In jeder Ecke stund ein Pavillon von buntgefärbten Staketen mit hölzernen Posaunenengelchen, gemalten Soldaten und Schäfern und ich weiß selbst nicht was verziert. Meine Kinder staunten freilich wohl das Neue dieses Drechslerladens an: aber sie hatten kaum die Neugierde befriedigt, so fragten sie ängstlich nach den in der Entfernung vorragenden Bäumen. Man sagte ihnen aber, dass das quervor ein über dem Graben liegender lumpichter Wald; das auf der rechten Seite ein nichts bedeutender Küchengarten und das zur Linken der Obstgarten sei: Dinge, die man freilich leider! auf dem Lande ertragen müsse.

CHRISTIAN FELIX WEISSE

DIE TUILERIEN – DUMMHEIT UND BLUMEN

Bedenklicher als alle Gespenster, die im Innern des Schlosses lauern mögen, sind die Torheiten, die sich bei seinen Außenwerken offenbaren. Ich rede von den famösen *fossés des Tuileries.* Diese waren lange Zeit ein Hauptgegenstand der Unterhaltung sowohl in den Salons als in den Carrefours, und noch immer liegen sie im Bereiche der bittersten und feindseligsten Besprechung. Als noch vor der Gartenfassade der Tuilerien die hohen Bretterwände standen, die den Augen des Publikums jene Arbeiten verhüllten, hörte man darüber die absurdesten Hypothesen. Die meisten meinten, der König wolle das Schloss befestigen, und zwar von der Gartenseite, wo einst am 10. August das Volk so leicht eindringen konnte. Es hieß sogar, der Pont Royal würde deshalb abgebrochen. Andere meinten, der König wolle nur eine lange Mauer aufrichten, um sich selbst die Aussicht nach der Place de la Concorde zu verdecken; dieses jedoch geschehe nicht aus kindischer Furcht, sondern aus Zartgefühl; denn sein Vater starb auf der Place de Grève, die Place de la Concorde aber war der Hinrichtungsplatz für die ältere Linie. Indessen wie dem armen Ludwig Philipp so oft Unrecht geschieht, so auch hier. Als man jene mystischen Bretterwände vor dem Schlosse wieder niederriss, sah man weder Befestigungswerke noch Schutzmauern, weder Schanzgräben noch

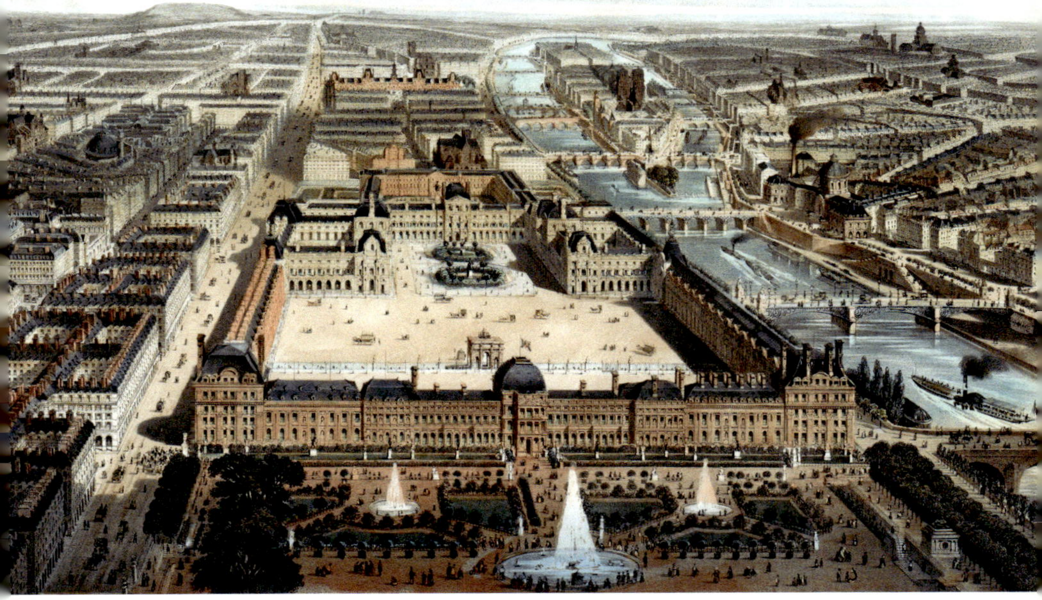

Bastionen, sondern viel eitel Dummheit und Blumen. Der König hatte nämlich, bausüchtig, wie er ist, den Einfall gehabt, vor dem Schlosse einen kleinen Garten für sich und seine Familie von dem größern öffentlichen Garten abzuschneiden, diese Abscheidung war nur durch einen gewöhnlichen Graben und ein Drahtgitterwerk von einigen Fuß Höhe ausgeführt worden, und in den ausgestochenen Beeten standen schon Blumen, ebenso unschuldig wie jene Gartenidee des Königs selbst.

OBEN *Die Tuilerien, Residenz der französischen Könige am rechten Seineufer. Unter Ludwig XIV. gestaltete André Le Nôtre die Renaissancegärten um. 1830 gab ihnen der Bürgerkönig Louis Philippe eine neue Gestalt. Ansicht von Charles Fichot, 1850.*

Casimir Périer soll aber über diese unschuldige Idee, die ohne sein Vorwissen ausgeführt worden, sehr ärgerlich gewesen sein. Denn jedenfalls veranlasst sie den gerechten Unmut des Publikums über die Verunstaltung des ganzen Gartens, eines Meisterstücks von Le Nôtre, das eben durch sein großartiges Ensemble so sehr imponiert. Es ist gerade, als wollte man einige Szenen aus der Racineschen Tragödie ausscheiden. Englische Gärten und romantische Dramen mag man immerhin ohne Schaden, oft sogar mit Vorteil verkürzen; Racines poetischen Gärten aber mit ihren süblim langweiligen Einheiten, pathetischen Marmorgestalten, gemessenen Abgängen und sonstig strengem Zuschnitt, ebenso wenig wie Le Nôtres grüne Tragödie, die mit der breiten Tuilerien Exposition so großartig beginnt und mit der erhabenen Terrasse, wo man die Katastrophe des Concordeplatzes schaut, so großartig endigt, kann man nicht im mindesten verändern, ohne ihre Symmetrie, und also ihre eigentliche Schönheit zu zerstören. Außerdem ist jener unzeitige Gartenbau noch wegen anderer Gründe dem König schädlich. Erstens kommt er dadurch umso öfter ins Gerede, was ihm doch jetzt nicht sonderlich nützlich ist; zweitens versammelt sich dadurch in seiner persönlichen Nähe beständig viel Gaffervolk, das allerlei bedenkliche Glossen macht, das vielleicht seinen Hunger durch Schaulust zu vergessen sucht, für jeden Fall aber lange müßige Hände hat. Da hört man bitterscharfe Bemerkungen und rote Witzeleien, die an die neunziger Jahre erinnern. An der einen Eingangsseite des neuen Gartens steht ein metallener Abguss des Messerschleifers, dessen Original in der Tribune zu Florenz zu sehen ist und über dessen Bedeutung verschiedene Meinungen

UNTEN *In den Tuilerien versammelten sich Zeitungsleser und Flaneure, darunter auch viele spitze Zungen, die König Louis Philippe schmähten. Lithographie von Jean Henri Marlet, 1821.*

herrschen. Hier aber, im Tuileriengarten, hörte ich über den Sinn dieses Bildes einige moderne Auslegungen, worüber manche Antiquare mitleidig lächeln und manche Aristokraten heimlich erzittern würden.

Gewiss, dieser Gartenbau ist eine kolossale Torheit und gibt den König den gehässigsten Anschuldigungen preis. Man kann ihn sogar als eine symbolische Handlung interpretieren. Ludwig Philipp zieht einen Graben zwischen sich und dem Volke, er trennt sich von demselben auch sichtbar. Oder hat er das Wesen des konstitutionellen Königtums so kleinmütig aufgefasst und so kurzsinnig begriffen, dass er meint, wenn er dem Volke den größeren Teil des Gartens überlasse, so dürfe er den kleinern Teil desto ausschließlicher als Privatgärtchen besitzen? Nein, das absolute Königtum mit seinem großartig egoistischen Ludwig XIV., der statt des *L'etat c'est moi* auch sagen konnte *Les tuileries c'est moi*, erschiene alsdann viel herrlicher als die konstitutionelle Volkssouveränität mit ihrem Ludwig Philipp I., der angstvoll sein Privatgärtchen abgrenzt und ein kümmerliches *chacun chez soi* in Anspruch nimmt. Man sagt, dass der ganze Bau im Frühjahre vollendet werde. Alsdann wird auch das neue Königtum, das jetzt noch so wenig ausgebaut und noch so kalkfrisch ist, etwas fertiger aussehen. Seine gegenwärtige Erscheinung ist im höchsten Grade ungewöhnlich. In der Tat, wenn man jetzt die Tuilerien von der Gartenseite betrachtet und all jenes Graben und Umgraben, das Versetzen der Statuen, das Pflanzen der laublosen Bäume, den alten Steinschutt, die neuen Baumaterialien und all die Reparaturen sieht, wobei so viel gehämmert, geschrien, gelacht und getobt wird: dann glaubt man ein Sinnbild des neuen unvollendeten Königtums selbst vor Augen zu haben.

HEINRICH HEINE

OBEN *Die Kinder von Paris verschwendeten keinen Gedanken an König oder Republik. Im Schatten der Allée des feuillants im Tuileriengarten amüsierten sie sich beim Seilspringen und Ringelreihen. Lithographie von Eugène Guérard, 1856.*

REIZENDE UNORDNUNG

OBEN *Eine schöne Wildnis aus besonntem Gras, Blumen, blühenden Rosenbüschen und mittendrin der Künstler am Werk. Carl Spitzwegs* Der Maler im Garten, *um 1870.*

Der ländliche Frieden, die Ruhe, die edle Einfalt, welche mein einsames S*** bewohnen, wären meinem armen Kopf und Herzen so erquickend, als Hofleuten der Anblick einer freien Gegend ist, wenn sie lange in Kunstgärten herumgeirrt und ihr Auge durch Betrachtungen der gesuchten und gezwungenen Schönheiten ermüdet haben. Wie gerne stellen sie ihre durch zerstoßnen Marmor ermatteten Füße auf ein mit Moos bewachsnes Stück Erde und sehen sich in dem unbegrenzten schönen Gemische von Feld, Waldungen, Bächen und Wiesen um, wo die Natur ihre besten Gaben in reizender Unordnung verbreitet! Bei vielen beobachtete ich in dieser Gelegenheit die Stärke der reinen ersten Empfindungen der Natur. Sogar ihr Gang und ihre Gebärden wurden freier und ungezwungener, als sie in den sogenannten Lustgärten waren.

SOPHIE VON LA ROCHE

GESPITZTER TAXUS

Denn was entzücket mehr als die schöne Natur, wenn sie in harmonischer Unordnung ihre unendlich mannigfaltigen Schönheiten verwindet? Zu kühner Mensch! Was unterwindest du dich, die Natur durch weither nachahmende Künste zu schmücken? Baue Labyrinthe von grünen Wänden, und lass den gespitzten Taxus in abgemessener Weite emporstehn; die Gänge seien reiner Sand, dass kein Gesträuchgen den wandelnden Fußtritt verwirre; mir gefällt die ländliche Wiese und der verwilderte Hain; ihre Mannigfaltigkeit und Verwirrung hat die Natur nach geheimern Regeln der Harmonie und der Schönheit geordnet, die unsere Seele voll sanften Entzückens empfindt.

SALOMON GESSNER

UNTEN *Die Natur kennt keine rasierten Heckenkanten, sondern nur harmonische Unordnung nach ihren eigenen geheimen Regeln.* Blühende Holunderhecke im Mondschein *von Carl Gustav Carus, um 1825.*

2. KAPITEL

Englische Landschaftsgärten

Niemand glaubt sich in einem Garten behaglich, der nicht einem freien Lande ähnlich sieht; an Kunst, an Zwang soll nichts erinnern, wir wollen völlig frei und unbedingt Atem schöpfen.

JOHANN WOLFGANG VON GOETHE

IM VORAUS

Die Bauherren und ihre Gartenkünstler, die im 18. Jahrhundert neue Gärten und Parks anlegten, sahen in der frei gestalteten Natur nicht nur einen Ort der Harmonie, sondern in der Abkehr von der »Unnatur« formaler Gärten auch das Symbol für einen neuen Geist des politischen Fortschritts. In der Folge fielen in England fast alle barocken Gartenparterres dem Vandalismus zum Opfer, den die große Geste der Landschaftsarchitekten forderte, die Hügel versetzten, Seen anlegten, Baumgruppen pflanzten und ganze Dörfer umsiedelten, die nicht ins Bild passten. Das Konzept entsprach angeblich einer größeren Zwanglosigkeit, war jedoch ebenso sorgsam durchkomponiert wie ein

LINKS *Einer der ältesten englischen Landschaftsgärten: Stourhead in Wiltshire. Aquarell von Francis Nicholson.*
UNTEN *Wörlitz war der erste Park nach englischem Vorbild auf dem Kontinent.*

OBEN *Sinn und Sinnlichkeit, das Schöne mit dem Nützlichen verbanden sich im Gartenreich des Fürsten Franz von Anhalt-Dessau ebenso wie in diesem Hain, den Paul Cézanne 1882 in der Normandie malte.*

formaler Garten. Der Schritt des Betrachters wurde absichtsvoll gelenkt, der Blick gerahmt und auf Erbauliches gerichtet.

Der erste Fürst, der sich in Deutschland für die Ideen der Aufklärung begeisterte, war Franz von Anhalt-Dessau. In seinem »Gartenreich«, einem siebenhundert Quadratkilometer kleinen Musterstaat mit Schloss und Park von Wörlitz als Mittelpunkt, waren Sinn und Sinnlichkeit, das Schöne mit dem Nützlichen und das Glück mit der Vollbeschäftigung verschwistert. Vor 250 Jahren stellte Wörlitz eine Attraktion dar, die Novalis, Jean Paul, Ludwig Tieck und den empfänglichen Geheimrat Goethe anzog. Es war die erste Anlage nach englischem Vorbild auf dem Kontinent, und Goethe erkor sie zum Hintergrund für die *Wahlverwandtschaften*. Der Garten als moralphilosophische Anstalt gab dem Betrachter etwas zu denken und zu deuten. Fürst Franz schuf ganze Sichtfächer wie z. B. den berühmten Toleranzblick, an dessen Fluchtpunkten die Kirche und die Synagoge liegen.

Der Mann, der ab 1815 sein ganzes Vermögen und das seiner Frau in die Umgestaltung seines Grund und Bodens investierte, war Hermann Fürst von Pückler-Muskau. Als die Kasse leer war, ging er mit Einverständnis seiner geliebten »Schnucke«

als besserer Heiratsschwindler in England auf Jagd nach einer reichen Erbin – vergebens; sein Ruf war ihm vorausgeeilt. Pückler war ein Besessener, ein Filou, ein herrlicher Schriftsteller, und ohne ihn gäbe es weder Muskau noch Branitz, die Höhepunkte des englischen Landschaftsgartens in Deutschland und Kontinentaleuropa.

ELSEMARIE MALETZKE

LEICHTE VERNACHLÄSSIGUNG

Dieser Ort ist, obgleich er nahe beim Hause liegt, doch so sehr durch den Laubengang, der zu ihm führt, versteckt, dass man ihn nirgends gewahr wird. Das dichte, ihn umgebende Laub gestattet dem Auge keinen Durchblick, und stets wird er sorgfältig abgeschlossen. Kaum hatte ich ihn betreten, so wusste ich, als ich mich umdrehte, nicht mehr, wo ich hereingekommen war, weil die Türe hinter Erlen und Haselsträuchern künstlich verborgen worden war und bloß an den Seiten zwei enge Durchgänge ausgespart blieben. Da ich demnach keine Pforte sah, schien es mir, als sei ich aus den Wolken gefallen. Beim Eintritt in diesen sogenannten Obstgarten überkam mich ein so angenehmes Gefühl der Kühle, mit welchem die dunklen Schatten, das frische lebhafte Grün, das Rieseln eines fließenden Gewässers und der Gesang von tausend Vögeln meine Einbildungskraft ebenso sehr als meine Sinne erfüllten. Zugleich aber glaubte ich, den wildesten, einsamsten Ort der Natur vor mir zu sehen, und es kam mir vor, als sei ich der erste Sterbliche, der jemals in diese Einöde vorgedrungen sei. (…)

UNTEN *Zurück zur Natur führte Jean-Jacques Rousseau nicht nur den Menschen, sondern auch den Obstgarten. Wo früher Pfirsichbäume kargen Schatten spendeten, waltet nun frisches, üppiges Grün.*

»Hier ist der nämliche Obstgarten, wo Sie ehedem spazieren gingen, wo Sie und meine Base sich mit Pfirsichen bewarfen. Sie wissen, das Gras war sehr trocken, die Bäume standen in großem Abstand und gaben wenig Schatten, Wasser aber war gar nicht vorhanden. Jetzt ist alles frisch, grün, belaubt, geschmückt, blühend, bewässert; was, glauben Sie wohl,

hat es mich gekostet, es in den gegenwärtigen Stand zu bringen? Denn es ist dienlich, zu wissen, dass ich die Oberaufseherin bin und dass mein Mann mich in allem frei verfügen lässt.« »Wahrhaftig«, sagte ich zu ihr, »es hat Sie weiter nichts gekostet als ein wenig Vernachlässigung. Wahr ist's, der Ort ist bezaubernd; aber auch wild und sich selbst überlassen; ich sehe da keine Spur menschlicher Arbeit. Sie haben die Türe verschlossen; das Wasser ist, ich weiß nicht wie, hereingeflossen; die Natur allein hat das Übrige getan, und Sie selbst hätten es niemals so gut gemacht als sie.« »Allerdings«, sagte sie, »die Natur hat alles getan; aber unter meiner Anleitung, und hier ist nichts, das ich nicht angeordnet hätte.«

JEAN-JACQUES ROUSSEAU

UNTEN *Fürst Franz von Anhalt-Dessau gestaltete den Park von Wörlitz als moralphilosophische Anstalt. Das Pantheon gab den Betrachtern etwas zu denken und zu deuten.*

GANZ UNTEN *Jean Paul reiste als Luftschiffer Giannozzo über das Gartenreich.*

IM BALLON ÜBER WÖRLITZ

Fort, fort, der Südost fliegt gerade über Wörlitz.

Mit der Sonne sank ich da in den wechselnden Garten, dessen Aussichten wieder Gärten sind. Da war mir, als gehe die Sonne eben auf; alle Tempel blitzten wie von Morgenlicht – erfrischender Tau überquoll den Boden, und die Morgenlieder der Lerchen flogen umher. – Lange, sonnentrunkne Perspektiven liefen wie glänzende Rennbahnen der Jugend, wie Himmelswege der Hoffnung hin – das goldne Alter des Tags, der Morgen, schien meinem schönen Wahne umzukehren.

Ach, kein Morgen und keine Jugend stehet von Toten auf ohne eine Nacht. Die lang gegliederten Schatten standen wie angelandete Geister der Nacht an den Ufern und überfielen bald die verlassene Welt.

JEAN PAUL

HIER IST'S JETZT UNENDLICH SCHÖN

Mich hat's gestern Abend, wie wir durch die Seen, Kanäle und Wäldchen schlichen, sehr gerührt, wie die Götter dem Fürsten erlaubt haben, einen Traum um sich herum zu schaffen. Es ist, wenn man so durchzieht, wie ein Märchen, das einem vorgetragen wird, und hat ganz den Charakter der elysischen Felder; in der sachtesten Mannigfaltigkeit fließt eins in das andre; keine Höhe zieht das Auge und das Verlangen auf einen einzigen Punkt; man streicht herum, ohne zu fragen, wo man ausgegangen ist und hinkommt. Das Buschwerk ist in seiner schönsten Jugend, und das Ganze hat die reinste Lieblichkeit.

JOHANN WOLFGANG VON GOETHE
1778 aus Wörlitz an Freifrau von Stein

OBEN *Der Geheimrat als junger Schwärmer. Goethe fühlte sich in Wörlitz wie im Elysium. Jakob Melchers Porträt zeigt ihn mit Mitte zwanzig.*

GLÜCKLICHE MENSCHEN

Unser Weg führte uns an einigen zierlichen Häusern vorbei, wo Obst- und Gemüsepflanzungen angelegt waren. Ein alter Mann von ehrwürdigem Ansehen war in dem einen Garten beschäftigt, die Nebengeländer zu ordnen. Sorgfältigere Kultur rief hier die Erscheinungen eines mildern Himmelsstriches hervor. Die Weinranken wanden sich von Baum zu Baum und bildeten zierliche Bogen. Der Alte grüßte uns schweigend und fuhr in seiner Arbeit fort. Aus dem zweiten Hause kam ein Mädchen und ein Knabe herausgesprungen, der Größe nach schienen sie beide zwischen vierzehn und sechzehn Jahren. Beide waren von schö-

Manche Fürsten hielten sich Schäfer oder Schmuck-eremiten als belebende Staffage ihres Landschafts-parks. Andere, wie der edle Nordheim in Agnes von Lilien, *beherbergen wahrhaft Bedürftige. Caroline von Wolzogen erzählt in ihrem Roman von der Liebe einer schönen weiblichen Seele zu einem Idealmann. Eine ähnliche junge Träumerin malte Lawrence Alma-Tadema um 1902 beim Pflücken von Stiefmütterchen.*

ner Bildung. Ihre lebhaften schwarzen Augen und ihre dunkeln Haare, das warme Kolorit ihrer Gesichtsfarbe und ihre sprechenden Gebärden gaben ihnen einen unter unserm Himmel fremden Anstrich. Warten Sie ein wenig!, rief der Knabe Nordheimen auf Italienisch zu, meine Schwester bringt Ihnen Veilchen. Das Mädchen nahte sich bescheiden, und die zurückgehaltene Lebhaftigkeit gab ihrem ganzen Wesen ein reizendes Spiel. Mit einer angenehmen Verbeugung gab sie Nordheimen einen Veilchenstrauß und sprang schnell wieder fort. Während dem Laufen rief sie uns zu: sie eile, um den Damen auch Blumen zu holen. Nein, das will ich tun!, rief der Bube und sprang ihr nach. Auf halbem Wege wendete er wieder um und fragte Nordheimen: ob er seine Flöte mitbringen dürfe und seiner Schwester Gitarre, um den Damen eine Musik zu machen? Das bitten wir uns einmal in meinem Haus aus, Battista, die Damen sind jetzt ermüdet; erwiderte

Nordheim, ohnerachtet die Gräfin bat, den Kindern die Freude nicht zu verderben.

Als sich der Kleine entfernt hatte, sagte uns Nordheim: er habe Battistas Gesuch aus Schonung für die Mutter abgewiesen, die, durch sonderbare Schicksale verstimmt, das Anschaun jedes Fremden fliehe oder nur zuweilen, aus Gefälligkeit, mit schmerzlichem innern Kampf aushalte. Die Schwester eilte mit ihren Veilchen herbei, Battista nahm ihr einen Strauß ab und überreichte ihn mir mit einer natürlichen Feinheit, während seine Schwester den ihren der Gräfin gab. Nordheim reichte ihr seine Hand zum Abschied, die sie mit Heftigkeit an ihre Lippen drückte. Die Mutter sahen wir nur auf einen Blick durchs Fenster, ein edler ausdrucksvoller Kopf einer hinwelkenden Schönheit. Sie bevölkern Ihren englischen Garten mit lebendigen Bewohnern, sagte die Gräfin, und das ist freilich interessanter als die ausgestopften Einsiedler, welche man jetzt überall findet, und die leeren Bauernhäuser, die ein wohlwollendes Herz nur mit dem Gedanken ansehen kann: Hier sollten glückliche Menschen wohnen!

CAROLINE VON WOLZOGEN

Sittsam, bescheiden und fein ist das Veilchen im Moose. Es steht für Treue und Demut, darf aber auch von stolzen Gräfinnen getragen werden.

KNABEN IN HEITRER MONTIERUNG

Willkommen war ihr daher eine Anstalt, zu der man die Bauernknaben versammelte und die darauf abzielte, den weitläufig gewordenen Park immer rein zu erhalten. Eduard hatte schon den Gedanken gehegt. Man ließ den Knaben eine Art von heitrer Montierung machen, die sie in den Abendstunden anzogen, nachdem sie sich durchaus gereinigt und gesäubert hatten. Die Garderobe war im Schloss; dem verständigsten, genausten Knaben vertraute man die Aufsicht an; der Architekt leitete das Ganze, und ehe man sich's versah, so hatten die Knaben alle ein gewisses Geschick. Man fand an ihnen eine bequeme Dressur,

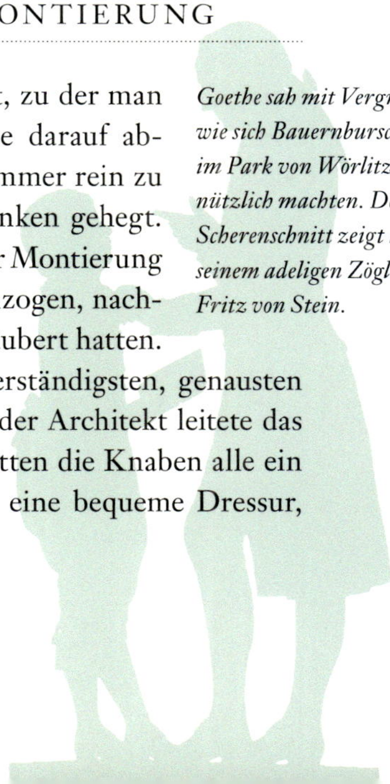

Goethe sah mit Vergnügen, wie sich Bauernburschen im Park von Wörlitz nützlich machten. Der Scherenschnitt zeigt ihn mit seinem adeligen Zögling Fritz von Stein.

und sie verrichteten ihr Geschäft nicht ohne eine Art von Manöver. Gewiss, wenn sie mit ihren Scharreisen, gestielten Messerklingen, Rechen, kleinen Spaten und Hacken und wedelartigen Besen einherzogen; wenn andre mit Körben hinterdrein kamen, um Unkraut und Steine beiseitezuschaffen; andre das hohe, große eiserne Walzenrad hinter sich herzogen, so gab es einen hübschen erfreulichen Aufzug, in welchem der Architekt eine artige Folge von Stellungen und Tätigkeiten für den Fries eines Gartenhauses sich anmerkte (...).

JOHANN WOLFGANG VON GOETHE

DIE FOLLY

Follies – architektonische Narreteien, die erbaut wurden, um das Auge zu fesseln und die Nachbarn zu beeindrucken – kamen Mitte des 18. Jahrhunderts in England in Mode, als die *milordi*, junge Herren mit viel Zeit, Geld und Grundbesitz, zu Bildungsreisen in den Süden Europas aufbrachen. Entzückt von Klassik und Romantik, ließen sie dort halbe Tempel demontieren und nach Hause schicken. Wer für Übergepäck nicht zahlen wollte, fand auch in London Landschaftsarchitekten, die den alten formalen Garten ausrissen, Berge versetzten, Täler fluteten und das neue, »natürliche« Ensemble mit Kunstwerken dramatisierten: Obelisken und Pagoden,

UNTEN *Um die Mitte des 18. Jahrhunderts kamen in England Chinoiserien in Mode. Die Pagode in den Royal Botanic Gardens in Kew lässt ihre ursprüngliche Pracht nur noch ahnen. Sie war mit schimmernden Platten gedeckt und mit achtzig vergoldeten Drachen geschmückt.*

Pyramiden und Grotten, in denen Schmuckeremiten stellvertretend über die Eitelkeit der Welt nachsannen. Ein Ornament im Park wurde modisch zwingend, und wer sich keinen Tempel leisten konnte, beschied sich mit einer »Groteske« wie einem Rinden-Wigwam über geflaggten Stangen, wie ein *folly*-Musterkatalog von 1742 zeigt.

Doch *follies* waren mehr als Spielereien. Ihre Formensprache drückte privaten Symbolismus aus, schwarze Kunst, eine verschlüsselte Begierde oder ein Bekenntnis zum Freimaurertum. Idee und Verwirklichung setzten zwar eine gewisse Exzentrik voraus, aber es waren keine Verrückten, die sich *follies* bauten, so wenig wie es arme Schlucker waren. Der Herzog von Portland unterminierte Welbeck Abbey mit einem Labyrinth, einschließlich Ballsaal und Bahnlinie. Andere ruinierten sich, wie Mr Hamilton mit Painshill: vierhundert Morgen Park, einschließlich Wasserspielen, gotischer Ruine, Mausoleum und türkischem Zelt. Sir Francis Dashwood von West Wycombe brachte sein Begehren beispielhaft auf den höchsten Punkt. Er ließ eine vergoldete hölzerne Kugel auf die Kirchturmspitze von St Lawrence hieven. »The Ball« konnte über eine offene Stiege und durch eine Falltür erklommen werden und soll Sir Francis und seinen Freunden vom örtlichen Hellfire Club als Partyzelle gedient haben.

OBEN *Grundherren, die über keine eigenen Ruinen verfügten, ließen sie bauen. 1759 wurde in Kew Gardens dieser romantische Triumphbogen errichtet. Praktischerweise diente er auch als Brücke.*

Ganz so exzentrisch geben sich *folly*-Besitzer heute nicht mehr. Doch unverändert offenbart die Behausung ihre private, verletzliche Seite: Tritt sachte ein, Fremder, du trittst auf meinen Traum! In Northamptonshire hat sich Gervase Jackson-Stops, der bis zu seinem Tod 1995 Architekturberater des National Trust war, etwas besonders Zartes geleistet: zwei reetgedeckte Häuschen-wechsle-dich, eins »klassisch«, das andere »gotisch« und jedes mit zweierlei Fassaden, elegant und rustikal. Ein einziges Zimmer, eigentlich nur ein Bett, findet Platz unter der tief heruntergezogenen Dachkappe der gotischen *folly*. Seine Pfosten sind aus Birkenstämmen, darüber wölbt sich ein Baldachin aus Kiefernzapfen. Die Nachttischlampe ist aus gepressten Blättern, die Bettdecke eitel Maulwurfsfell. Kein Zweifel: Erlkönigs Schlafgemach.

ELSEMARIE MALETZKE

VON KLEINERN GARTENGEBÄUDEN

1.

Gebäude wurden zuerst, der Bequemlichkeit wegen, in Gärten angelegt. Man suchte einen Ort, wo man vor dem Regen, dem Winde und der Hitze Schutz finden könnte; man wollte für die Gesellschaft, für die Tafel oder für die Einsamkeit einen angenehmen Aufenthalt haben; und in entfernten Gärten, wohin man zuweilen auf einige Tage sich aus der Stadt begab, war eine Wohnung mit einer kleinen häuslichen Einrichtung unentbehrlich. Die ursprüngliche Bestimmung der Gartengebäude ging auf einen nützlichen Gebrauch. (…)

3.

(…) Gartengebäude dürfen weder durch Größe noch durch Pracht sich auszeichnen. Sie müssen aber durch das Gefällige und Reizende ihrer Form, durch die Simplizität, Freiheit und Leichtigkeit ihrer Anordnung, durch die Übereinstimmung ihres Cha-

LINKS *J. A. Watteau malte 1718 diese höfische Gesellschaft im Grünen mit dekorativer Architektur:* La perspective.
LINKS UNTEN *Von nahezu leichtsinnig gestreifter Art erscheint das kleine Badehaus im Park von Schloss Rosenau in Oberfranken. Aquarell von Heinrich Brückner, um 1845.*

rakters mit ihrer Bestimmung, durch das Zierliche und Anmutige ihrer Außenseiten recht fühlbare Eindrücke machen. Sie müssen das Auge sogleich anlocken, es gleichsam an sich zaubern, dass es gerne bei ihnen ruhet, lange in ihrer Beschauung verweilt. Sie müssen lebhafte Empfindungen bald von ländlicher Ruhe, bald von Einsamkeit, bald von Freiheit, bald von gelassener Behagung, bald von heitrer Freude erwecken. (…)

II. Grotten
(…) Weil Grotten nicht allein schon an sich Seltenheiten in der Natur sind, sondern auch nur wenig Gärten sich solchen Lagen zu nähern pflegen; so dürfen auch angelegte Grotten nicht zu häufig sein. Ein Garten kann der Grotten sehr leicht entbehren; und einige Gattungen von Gärten scheinen sie kaum zu vertragen. (…)

Theorie
der
Gartenkunst.
Von
C. C. L. Hirschfeld,
Zweyter Band.
Leipzig,

OBEN *Das erste Standardwerk auf Deutsch, das den englischen Landschaftspark zur Stilikone erhob: Hirschfelds* Theorie der Gartenkunst *von 1775.*

III. Einsiedeleien
(…) Die Grotte ist eine Nachahmung der Höhlen, wie sie die Natur bildet; die Einsiedelei ist eine Hütte, ein einfältiges Haus, von der Hand des Menschen gebauet, oder wenn sie zuweilen in Felsen liegt, so ist dieser doch zu einem sich der Regelmäßigkeit nähernden Zimmer bearbeitet, welches die Grotte nicht sein

kann, ohne in das Unnatürliche überzugehen. (...) Die Grotte lässt in der Vorstellung den Aufenthalt mehrerer Bewohner zu; die Einsiedelei ist auf den einzelnen eingeschränkt, indem mit zwo Personen schon die Geselligkeit anfängt. (...)

4.

Weil man in Gärten keine weitläuftigen Gebirge und selten rau verwilderte Berge hat, worin sich nachgeahmte Einsiedeleien verbergen könnten; so legt man sie am besten in verwachsenen Winkeln und in schattigen Vertiefungen an, wo sie den Charakter der Einsamkeit, den sie verlangen, leichter gewinnen. (...) Die zunächst umliegende Gegend oder die Szene muss nichts Prächtiges, nichts Reizendes noch Geschmücktes haben, sondern nachlässig und bescheiden sein, in stiller Einfalt, ohne Lebhaftigkeit und ohne auffallende Schönheit. (...)

Das Gebäude mag aus Stein oder Holz bestehen; nur muss die Zusammensetzung die höchste Einfalt und Nachlässigkeit zeigen (...). Das ganze Ansehen muss Einfalt, Dürftigkeit, Verleugnung ankündigen. (...)

OBEN *Unverzichtbar für das Erscheinungsbild pittoresken Verfalls: Efeu.* UNTEN *Ein Schmuckeremit in Flottbek, stellvertretend für seinen Arbeitgeber die Eitelkeit der Welt beklagend. Sepiazeichnung von 1795.*

V. Ruinen

(...) Schwerer bleibt es immer für den Gartenkünstler, Ruinen auf eine vollkommen täuschende Art nachzuahmen; und weil so viele Versuche selbst unter den Händen der Kenner misslingen, so möchte man fast veranlasst werden, ihre Fortsetzung lieber abzuraten, als zu empfehlen. (...)

CHRISTIAN CAY LAURENZ HIRSCHFELD

Finden Sie denn aber wirklich alle Gärten dieser Art schön?, fragte Auguste.

So wenig, antwortete Ernst, dass ich im Gegenteil viele gesehen habe, die mir durch ihre vollendete Abgeschmacktheit eine Art von Grausen erregt haben. Es gibt vielleicht in der ganzen Natur keine traurigere Einsamkeit, als uns die erstorbene Formel dieser Gartenkunst in dem barocken übertriebenen holländischen Geschmack darbietet, wo es den Reiz ausmachen soll, die Bäume nicht als solche wiederzuerkennen, wo Muscheln, Porzellan und glänzende Glaskugeln um fürchterlich verzerrte Bildsäulen auf gefärbtem Sande leuchten, wo das springende Wasser selbst seine liebliche Natur eingebüßt hat und zum Possenreißer geworden ist und wo auch sogar der heiterste blaue Himmel nur wie ein ernstes missbilligendes Auge über dem vollendeten Unfug steht: Mond und Sterne, über diesen Fratzen leuchtend und schimmernd, sind furchtbar, wie die lichten Gedanken im Geschwätz eines Verrückten.

Vom Wasser, fiel Theodor ein, wird überhaupt oft ein kindischer Missbrauch gemacht; diese Vexierkünste, um uns plötzlich nass zu machen, sind den abgeschmackten neumodischen Gespenstergeschichten mit natürlichen Erklärungen zu vergleichen; der Verdruss ist viel größer als der Schreck.

OBEN *Büsten und Statuen wie diese Blumenkorbträgerin aus bronziertem Metall konnte die viktorianische Kundschaft in einem »Haushaltskatalog« bestellen.*

Da man nun so häufig, sprach Ernst weiter, diese Gespenster von Gärten sah, so erwachte zu derselben Zeit, als man in allen Künsten die Natürlichkeit forderte, auch in der Gartenkunst bei unseren Landsleuten ein gewisser Sinn für Natur. Wir hörten von den englischen Parks, von denen viele in der Tat in hoher Schönheit prangen, sehr viele aber auch die Wohnung trüber Melancholie sind, und so fing man denn in

Deutschland ebenfalls an, mit Bäumen, Stauden und Felsen auf mannigfache Weise zu malen, lebendige Wasser und Wasserfälle mussten die springenden Brunnen verdrängen, so wie alle geraden Linien nebst allem Anschein von Kunst verschwanden, um der Natur und ihren Wirkungen auf unser Gemüt Raum zu gewähren. Weil man sich nun hier in einem unbeschränkten Felde bewegte, eigentlich keine Vorbilder zur Nachahmung hatte und der Sinn, der auf diese Weise malen und zusammensetzen soll, vom feinsten Geschmack, vom zartesten Gefühl für das Romantische der Natur geleitet werden muss, ja, weil jede Lage, jede Umgebung einen eigentümlichen Garten dieser Art erfordert und jeder also nur einmal existieren kann, so konnte es nicht fehlen, dass man, von jenem echten Natursinn verlassen, in Verwirrung geriet und bald Gärten entstanden, die nicht weniger widerlich als jene holländischen waren. Bald genügten die Effekte der Natur und der sinnigen Bäume und Pflanzen nicht mehr, dem bizarren Streben waren diese Wirkungen zu gelinde, man baute Felsenmassen, Labyrinthe, hängende Brücken, chinesische Türmchen auf steilen Abhängen, gotische Burgen, Ruinen aller Art, und so waren diese verworrenen Räume am Ende mehr auf ein unangenehmes Erschrecken, oder unbehagliche Ängstlichkeit, als für einen stillen Genuss eingerichtet.

Den Münchner Englischen Garten, einen der ersten öffentlichen Parks auf dem Kontinent, schmückt seit 1789 ein chinesischer Turm nach dem Vorbild der Pagode in Kew.

Und dabei doch alles kleinlich, warf Manfred ein, nicht phantastisch, sondern nur arm sind diese Tempel der Nacht und der Sonne mit ihren bunten affektierten Lichtern und kommen nicht einmal unsern gewöhnlichen Theater-Effekten gleich.

Für das Erschrecken reizbarer oder träumerischer Menschen ist oft hinlänglich gesorgt, sagte Anton, wenn unvermutet ein Bergmann aus einem Schacht neben dem Wege herauszusteigen scheint oder im einsamen Dickicht eine andre widrige Puppe als Eremit vor einem Kruzifixe kniet. Selbst Schädel und Beingerippe müssen dem Wandelnden zum Ergötzen dienen.

Der Rosenberg. Der Kiosk. Die Parkanlagen in Branitz. Das Schloß von der Parkseite. Der Tumulus. Das Schwanenhäuschen. Die Treppenfichten.

Den Park von Branitz bei Cottbus modellierte Fürst Hermann von Pückler-Muskau aus einer öden Agrarsteppe heraus. Beigesetzt ist er in der Erdpyramide, dem Tumulus.

Ohne weiteren Schreck, sagte Willibald, erregen schon die krummen, ewig sich verwickelnden Wege Angst genug. Man sieht Menschen in der Ferne und vermutet einen Freund unter diesen; aber wie in aller Welt soll man es anstellen, sich ihnen zu nähern? Man nimmt die Richtung nach jenem Punkt, allein der Weg lässt sich nicht so gehn, wie du möchtest, bald bist du hinter deinem vorigen Standpunkte zurück, und so ist es auch wahrscheinlich jenem drüben ergangen; tagelang rennt man sich aus dem Wege, wenn man sich nicht in einer albernen Moschee, oder otahitischen Hütte, in die man gegen den Regen unterduckt, ganz unvermutet findet.

Ebenso wenig, fuhr Theodor fort, kannst du aber dem ausweichen, dem du nicht begegnen willst, und das ist oft noch schlimmer. Nichts Alberneres als zwei Menschen, die sich nicht leiden mögen und die sich plötzlich in gezwungener Einsamkeit in einer dunkeln Grotte eng nebeneinander befinden, da brummt man was von schöner Natur und rennt auseinander, als müsste man die nächste Schönheit noch eilig ertappen, die sich sonst vielleicht auf

Die Moschee im Schlosspark von Schwetzingen, ein Symbol aufgeklärter Gesinnung.

flüchtigen Füßen davonmachen möchte; und, siehe da, indem du dich bald nachher eine enge Felsentreppe hinaufquälst, kommt dir wieder die fatale Personage von oben herunter entgegengestiegen, man muss sich sogar beim Vorbeidrängen körperlich berühren, eine notgedrungene Freundlichkeit anlegen und der lieben Humanität wegen recht entzückt sein über das herrlich romantische Wesen, um nur der leidigen Versuchung auszuweichen, jenen in den zauber-, aber nicht wasserreichen Wasserfall hinabzustoßen.

LUDWIG TIECK

CHARLOTTE STAND BETROFFEN

Es gab Gelegenheit, über die Gegend, über Anlagen zu sprechen, die man nach einer solchen Übersicht viel besser zustande bringe, als wenn man nur einzeln, nach zufälligen Eindrücken, an der Natur herumversuchte.

»Das müssen wir meiner Frau deutlich machen«, sagte Eduard.

»Tue das nicht!«, versetzte der Hauptmann, der die Überzeugungen anderer nicht gern mit den seinigen durchkreuzte, den die Erfahrung gelehrt hatte, dass die Ansichten der Menschen viel zu mannigfaltig sind, als dass sie, selbst durch die vernünftigsten Vorstellungen, auf einen Punkt versammelt werden könnten. »Tue es nicht!«, rief er; »sie dürfte leicht irre werden. Es ist ihr wie allen denen, die sich nur aus Liebhaberei mit solchen Dingen beschäftigen, mehr daran gelegen, dass sie etwas tue, als dass etwas getan werde. Man tastet an der Natur, man hat Vorliebe für dieses oder jenes Plätzchen; man wagt nicht, dieses oder jenes Hindernis wegzuräumen, man ist nicht kühn genug, etwas aufzuopfern; man kann sich Voraus nicht vorstellen, was entstehen soll, man probiert, es gerät, es missrät, man verändert, verändert vielleicht, was man lassen sollte, lässt, was man verändern sollte, und so bleibt es zuletzt immer ein Stückwerk, das gefällt und anregt, aber nicht befriedigt.«

»Gesteh mir aufrichtig«, sagte Eduard, »du bist mit ihren Anlagen nicht zufrieden.«

»Wenn die Ausführung den Gedanken erschöpfte, der sehr gut ist, so wäre nichts zu erinnern. Sie hat sich mühsam durch das Gestein hinaufgequält und quält nun jeden, wenn du willst, den sie hinaufführt. Weder nebeneinander noch hintereinander schreitet man mit einer gewissen Freiheit. Der Takt des Schrittes wird jeden Augenblick unterbrochen; und was ließe sich nicht noch alles einwenden!«

»Wäre es denn leicht anders zu machen gewesen?«, fragte Eduard.

»Gar leicht«, versetzte der Hauptmann; »sie durfte nur die eine Felsenecke, die noch dazu unscheinbar ist, weil sie aus kleinen Teilen besteht, wegbrechen: so erlangte sie eine schön geschwungene Wendung zum Aufstieg und zugleich überflüssige Steine, um die Stellen heraufzumauern, wo der Weg schmal und verkrüppelt geworden wäre. Doch sei dies im engsten Vertrauen unter uns gesagt; sie wird sonst irre und verdrießlich. Auch muss man, was gemacht ist, bestehen lassen. Will man weiter

Die malerische Mooshütte im Park lud zum Rasten ein; die zerfallene Waldhütte, die Adalbert Stifter 1845 zeichnete, wurde vom Sturm zerstört.

OBEN *Der Golf von Neapel en miniature: Auf der Felseninsel Stein im Wörlitzer Park wurden der Vesuv und die Villa des englischen Gesandten Sir William Hamilton nachgebildet.*

Geld und Mühe aufwenden, so wäre von der Mooshütte hinaufwärts und über die Anhöhe noch mancherlei zu tun und viel Angenehmes zu leisten.«

Hatten auf diese Weise die beiden Freunde am Gegenwärtigen manche Beschäftigung, so fehlte es nicht an lebhafter und vergnüglicher Erinnerung vergangener Tage, woran Charlotte wohl teilzunehmen pflegte. Auch setzte man sich vor, wenn nur die nächsten Arbeiten erst getan wären, an die Reisejournale zu gehen und auch auf diese Weise die Vergangenheit hervorzurufen.

Übrigens hatte Eduard mit Charlotten allein weniger Stoff zur Unterhaltung, besonders, seitdem er den Tadel ihrer Parkanlagen, der ihm so gerecht schien, auf dem Herzen fühlte. Lange verschwieg er, was ihm der Hauptmann vertraut hatte; aber als er seine Gattin zuletzt beschäftigt sah, von der Mooshütte hinauf zur Anhöhe wieder mit Stüfchen und Pfädchen sich emporzuarbeiten, so hielt er nicht länger zurück, sondern machte sie nach einigen Umschweifen mit seinen neuen Einsichten bekannt.

Charlotte stand betroffen. Sie war geistreich genug, um schnell einzusehen, dass jene Recht hatten; aber das Getane widersprach, es war nun einmal so gemacht; sie hatte es recht, sie hatte es wünschenswert gefunden, selbst das Getadelte war ihr in jedem einzelnen Teile lieb; sie widerstrebte der Überzeugung, sie verteidigte ihre kleine Schöpfung, sie schalt auf die Männer, die gleich ins Weite und Große gingen, aus einem Scherz, aus einer Unterhaltung gleich ein Werk machen wollten, nicht an die Kosten denken, die ein erweiterter Plan durchaus nach sich zieht.

JOHANN WOLFGANG VON GOETHE

Bangor, den 25sten Juli 1828

Chère et bonne.

Eine kleine Unannehmlichkeit dieser sonst so reich begabten Landschaft sind die Wirkungen der Ebbe und Flut, welche Erstere einen bedeutenden Teil des Tages hindurch eine große Strecke des Menai, wie der hiesige Meerarm genannt wird, austrocknet und nur schlammigen Sand zurücklässt. Wahrscheinlich sind diesem Umstande auch die über alle Vorstellung hartnäckigen Fliegenschwärme zuzuschreiben, die zu Tausenden, gleich Bienen schwärmend und auf Raub ausgehend, Menschen und Vieh attackieren und ihr Opfer nicht leicht wieder loslassen. Man reitet vergebens, was das Pferd laufen kann. Der Schwarm, in einen Klumpen geballt wie eine mazedonische Phalanx, fliegt mit und zerstreut sich über seine Beute, sobald man wieder anhält, nur dem Totschlagen weichend. Ja, selbst in ein Haus hinzutreten, hilft nicht immer. Denn ich habe es auf Spaziergängen einige Mal erlebt, dass diese Fliegen, wenn sie einen einmal angenommen haben, geduldig draußen warten, bis man wieder herauskommt. Das einzige Mittel ist, eine Stelle aufzusuchen, wo starker Zugwind weht, den sie nicht vertragen können. Dies wissen auch die an den Bergufern weidenden Kühe recht wohl, die man immer an solchen Stellen einsam ruhen und wiederkäuen sieht. Ich betrachtete heute lange ein solches Tier, wie es auf einer ganz isolierten Felsenspitze, die Kontur schroff sich gegen die Luft abzeichnend, stand – unbeweglich, bis auf die leise Arbeit seiner Kinnladen und nur zuweilen mit dem Schwanz sich an die Seite schlagend. Wie schön, dachte

UNTEN *Die Dramatisierung der unschuldigen Landschaft durch brausendes Wasser: Aquädukt im Park von Kassel-Wilhelmshöhe. Stahlstich von 1850.*

ich mir, könnte ein Künstler ein solches Bild kolossal und zum Apis erhoben und auch mit dem Mechanismus dieser einfachen Bewegungen versehen, nachahmen und welche Akquisition wäre dies für einen deutsch-englischen Park in der Heimat, z.B. in Kassel dem Herkules gegenüber oder gar in Wörlitz auf dem feuerspeienden Berge weidend. Gewiss eine verdienstvolle Idee, die du fruchtbar zu machen suchen musst. Erinnerst Du Dich noch Clemens Brentanos, als ihm und dem genialen, liebenswürdigen Schinkel der Graf L... die Aussicht von seinem Jagdschlosse zeigte, von wo man eine anmutige, aber flache Waldgegend übersieht, und nun, zu den beiden Herren gewandt, der Graf diese etwas einfältig fragte, auf welche Art wohl hier eine recht große Verschönerung anzubringen sei? Brentano verfiel in tiefes Sinnen, und nach einiger Zeit sagte er langsam, den erwartungsvoll zuhörenden Gönner mit seinen kuriosen Augen ernsthaft anstarrend: »Wie wäre es, Herr Graf, wenn Sie ein Gebirge aus Brettern aufführen und dasselbe mit blauer Ölfarbe anstreichen ließen?« – Solches aber, wenn auch nicht so grell und handgreiflich, geschieht im lieben Vaterlande noch täglich, selbst ungeachtet des neuen Berliner Gartenvereins.

HERMANN FÜRST VON PÜCKLER-MUSKAU
in einem Brief an seine Frau Lucie

LUFT UND DUFT

Vor der Erfindung der Hygiene stand das Parfüm. Beliebt waren Öle aus Bergamotte, Zitronen und Orangen, Essenzen aus Vetiver, Rosen, Nelken und Lavendel. Da bei Herren das Rauchen in Gegenwart von Damen verpönt war, schnupften sie Tabak, der nach Jasmin, Tuberosen und Orangenblüten duftete. Mit Chypre gefüllte Säckchen im Unterkleid, bestäubte Fächer, Handschuhe und Taschentücher gehörten bis ins 19. Jahrhundert zu den schweren olfaktorischen Geschützen. Als Sträußchen ans Ballkleid geheftet, ließen Veilchen die aromatischen Enttäuschungen Kamelie und Orchidee weit hinter sich und beförderten das reizvolle Spiel von Bedrängen und Verduften.

OBEN *Duft im Freien. Als George Goodwin Kilburne um 1920 das Paar beim Lustwandeln malte, waren Kniehosen seit über hundert Jahren aus der Mode, die üppige Rabatte jedoch gerade en vogue.*

Parfüm war teuer; frische Luft war es auch. Im 18. Jahrhundert stellte sie ein Privileg der Reichen dar, die dem Gestank der Städte entkommen konnten. Doch auch auf dem Land roch es heikel nach Fäulnis, Misthaufen und Jauchegruben. Erlösung und heilsamen Luftaustausch versprachen höher gelegene Gefilde, in denen der Wind ein wenig Duft von frischem Heu herbeifächelte. Zurück zur Natur, lautete das Credo einer Gesellschaft, die das Natürliche mit dem Lebensspendenden und Gesunden gleichsetzte. Für die Zurückgebliebenen forderten französische Sozialreformer öffentliche Parks, in deren Schatten die Einwohner der Stadt sich ihrer Miasmen entledigen konnten.

Gärten hatten zwar in erster Linie die Aufgabe, das Auge zu erfreuen; balsamische Düfte waren jedoch geeignet, deren Wirkung zu verstärken. Der deutsche Gartentheoretiker Christian Cay Laurenz Hirschfeld bemerkte, dass »Personen von einem sanften und milden Charakter sich am meisten in diesen kleinen Szenerien der stillen Schönheit und bescheidenen Anmut zu unterhalten pflegen. Hier können die Frauen und vor allem die jungen

UNTEN *Duft aus der Tube. Fantasiekostüm eines Parfümeurs. Kupferstich von 1695.*

Mädchen sich von ihren Vapeurs erholen, hier genießen sie das Süße, das Feine, das Liebkosende, das Erquickende, das Begeisternde des Wohlgeruchs bei so vielen Blumengattungen (…).« Am besten könne das gelingen, wenn der Garten »übereinstimmende Eindrücke« liefere und alle Sinne angesprochen würden: »Ein Hain voll jungen Laubes und heiterer Aussichten ergötzt mehr, wenn wir darin zugleich das Lied der Nachtigall, das Gemurmel eines Wasserfalls hören, wenn zugleich ein frischer Veilchenduft uns entgegenwallt.«

ELSEMARIE MALETZKE

DER ENGLISCHE PARK

Die Bäume sind vielleicht das Schönste in England. Natürlich auch die Wiesen und die Polizisten, aber hauptsächlich die Bäume, schön breitschultrige, alte, ausladende, freie, ehrenwerte und überaus große Bäume. Die Bäume in Hampton Court, im Richmond Park, in Windsor und ich weiß nicht, wo noch. Kann sein, diese Bäume haben einen großen Einfluss auf das Torytum in England. Ich glaube, sie erhalten die aristokratischen Instinkte, den Historismus, den Konservatioismus, den Zollschutz, das Oberhaus und andere besondere und altehrwürdige Dinge. Ich wäre wohl ein leidenschaftlicher Labour-Anhänger, wenn ich in der Straße der Grünen Balkone oder in der Straße der Grauen Ziegel wohnte; aber unter einer Sommereiche im Hampton Park sitzend, verspürte ich in mir die bedenkliche Neigung, den Wert

der alten Dinge anzuerkennen, die höhere Mission der alten Bäume, die harmonische Dichtbelaubtheit der Tradition und einen gewissen Respekt vor allem, was stark und kräftig genug ist, um sich über Jahrhunderte zu halten.

In England gibt es anscheinend viele solcher uralten Bäume; fast in allem, worauf man hier stößt, in den Klubs, der Literatur, den Haushalten, ist irgendwie das Holz und das Laub der hundertjährigen ehrenwerten und schrecklich soliden Bäume zu spüren. Hier sieht man eigentlich nichts betont Neues; nur die Untergrundbahn ist neu und deshalb wohl auch so hässlich. Aber die alten Bäume und die alten Dinge haben in sich Kobolde, exzentrische und schalkhafte Geister; auch die Engländer haben in sich Kobolde. Sie sind ungemein ernst, solide und ehrenwert; auf einmal rasselt es in ihnen, sie sagen etwas Bizarres, aus ihnen kommt ein Bröckchen Koboldhumor geflogen, und schon sehen sie wieder ernst aus wie alte Ledersessel; sie sind wohl aus altem Holz.

Ich weiß gar nicht, warum, aber dieses nüchterne England kommt mir am märchenhaftesten und romantischsten von allen Ländern vor, die ich gesehen habe. Vielleicht ist es wegen dieser alten Bäume, oder vielleicht macht es auch der Rasen. Das kommt

OBEN *Hampton Court Park an der Themse mit barocken Broderieparterres, Spalierobst, gestutzten Eibenalleen, Labyrinth, Wildnis und romantischen Kanälen voller Wassergeflügel.*

LINKS UNTEN *Auf sauber gezirkelten Wegen ergingen sich die Leipziger Bürger. Im Hintergrund das Georgenhospital. Kupferstich von 1804.*

daher, dass man hier über Wiesen geht statt auf Fußpfaden. Wir Übrigen trauen uns nur, auf Straßen und Wegen zu gehen; das hat sicherlich einen ungeheuren Einfluss auf unser Seelenleben. Als ich den ersten Gentleman durch das Gras im Hampton Park waten sah, dachte ich, dies sei ein Märchengeschöpf, obwohl er einen Zylinder trug; ich wartete darauf, dass er nach Kingston auf einem Hirsch reiten oder zu tanzen beginnen oder dass ihm der Gärtner auf den Hals kommen und ihn furchtbar ausschimpfen würde. Es geschah nichts, und am Ende wagte auch ich es, geradenwegs quer über die Wiese zu jener Sommereiche zu streben, die am Anfang dieses Briefes auf einer schönen Aue steht. Es geschah nichts weiter; aber niemals hatte ich das Gefühl einer so unbegrenzten Freiheit wie in diesem Augenblick. Es ist sonderbar: hier gilt der Mensch offenbar nicht als schädliches Tier. Hier existiert nicht die düstere Meinung, dass unter seinen Hufen kein Gras wächst. Hier hat er das Recht, über eine Wiese zu laufen, als wäre er eine Elfe oder ein Großgrundbesitzer. Ich glaube, das hat einen beträchtlichen Einfluss auf seinen Charakter und seine Weltanschauung. Das eröffnet die zauberhafte Möglichkeit, woanders zu gehen als auf einem Weg und sich dabei nicht selber für einen Schädling, einen Lausejungen oder einen Anarchisten zu halten.

KAREL ČAPEK

SELIG STRICH DER NOTAR DURCH DIE GÄNGE

In Klothars Park hofft' er auf ein schönes Begegnen. Alle Fenster der Villa standen offen, aber kein Kopf darin. Der Gärtner, der ihn für einen Gartenfreund nahm, ging ihm nach der Sitte mit einem Blumenstrauß in der Hoffnung entgegen, er werde diese Gärtners-Blumen-Schwabacher und Fernschreiberei lesen können und ihm dafür ein paar Groschen schenken. Der Notar weigerte sich höflich vor dem blühenden Geschenke, nahm es endlich mit den dankbarsten Mienen an und drückte den aufrichtigsten Dank noch mündlich vor dem Gärtner aus, der sich mit den finstersten überwebte, weil er keinen Heller bekam. Selig strich der

Notar durch die Gänge, in die dunkeln Busch-Nischen, an betitelte Felsen und Mauern, vor grüne Bänke der Aussichten – und überall flog ihm ein Blumenkranz auf den Kopf oder ein Sommervogel ans Herz, nämlich wahre Freuden, weil er überall ein Beet erblickte, woraus, wie er dachte, sein künftiger Freund sich einige Blumen oder Früchte des schnellen Lebens-Frühlings ausgezogen. »Der edle Jüngling kann« – sagte Gottwalt an verschiedenen Plätzen – »wohl auf dieser Bank lang der Abendröte nachgesehen haben – in diesem Blütendickicht dämmernde Herzens-Träume ausgesponnen – auf dem Hügel wird er an Gott gedacht haben voll Rührung – Hier neben der Statue, o wenn er hier könnte die sanfte Hand seiner Geliebten genommen haben, falls er eine hat – wenn er betet, tat er's gewiss in diesem mächtigen Hain.«

Es gab wenige Bänke im Park, worauf er sich nicht niedersetzte, voraussetzend, Klothar habe früher da gesessen. – »Der englische Garten ist göttlich« – sagt' er abgehend zum stillen Gärtner an der Pforte – »abends erschein' ich gewiss wieder, liebster Mann.«

JEAN PAUL

LINKS *Ins Schwärmen gerät nicht nur der Notar in Jean Pauls* Flegeljahre. *Die Flora in Riehl bei Köln, die 1862 als Ersatz für den alten Botanischen Garten in der Stadt nach Entwürfen des preußischen Gartenarchitekten Peter Joseph Lenné angelegt wurde, regt zu jeder Jahreszeit hochfliegende Gefühle an; besonders, wenn es im Frühling rosa Kirschblüten schneit.*

3. KAPITEL

Kraut und Rosen

Als ich ihn getroffen habe und wir durch den Garten des Élysée-Palastes spazierten, hat er mir all diese Blumennamen genannt. Er kennt all die lateinischen Namen, alle Details über Rosen und Tulpen. Da hab ich zu mir selber gesagt: Mein Gott, ich muss diesen Mann heiraten, er ist der Präsident und weiß auch alles über Blumen. Das ist unglaublich.

CARLA BRUNI-SARKOZY

IM VORAUS

LINKS *Der Stiefmütterchengarten der großen alten Gartenkünstlerin Gertrude Jekyll in Munstead Wood, Surrey. Aquarell von Thomas H. Hunn.*

Was man im Scherz von der Kunst behauptet – sie sei schön, mache aber viel Arbeit –, lässt sich auch über den Garten sagen. »Ein Garten entsteht nicht dadurch, dass man im Schatten sitzt«, schreibt Rudyard Kipling. Aber dort hält es die wenigsten Gärtner, wenn die Zeit des Pflanzens gekommen ist. Steht die Stockrose am angemessenen Ort? Genießt die Möhre die passende Nachbarschaft? Fühlt sich die Herbst-Anemone vom Eisenhut bedrängt? Bekommt die Rose genug Sonne? Das sind die Fragen – und dann muss gegossen, gedüngt, geschnitten, gejätet und geerntet werden.

Doch der Garten ist nicht nur ein Ort sinnlicher, appetitlicher Genüsse, wo introver-

tierte Aurikelzüchter und Zwiebelgräber ihren Leidenschaften frönen. So wie Konkurrenz und Wurzeldruck im Verborgenen wüten, so weckt die ganze Hortikultur geheime Gefühle und Begierden. Carla Bruni erlag dem Charme des Gärtners Sarkozy. Sidonie Colette hätte ihren Kaktus nicht für ihre Tochter verlassen; Friedrich Rückert um aller Schätze Indiens willen seine Scholle nicht. Der königlich-bayerische Landgerichtsassessor Jakob Ernst von Reider, der ab 1819 fünfzig Bücher über »Blumisterei« und Gartenkunst schrieb, meinte, dass die keuschen Blumen die Sittlichkeit beförderten, während der Fin-de-Siècle-Autor Joris-Karl Huysmans von den »Tollheiten der Vegetation« und ihren unverhohlen erotischen Ausformungen hingerissen war.

OBEN *Die Gartenlust ist die einzige Leidenschaft, die im Alter zunimmt. Diesen alten Gärtner mit Topfpflanze wärmt sie noch immer zuverlässig.*
UNTEN Garten in Libuni *von František Kaván.*

Die Gartenlust, so bemerkte schon im 18. Jahrhundert der belgische Fürst Charles de Ligne, sei die einzige Leidenschaft, die im Alter zunehme. Mehr als alle anderen Hobbys und Interessen sei sie geeignet, die ihr Verfallenen zu läutern. Im Reich der Blumen und Gemüse seien sie sicher vor den emotionalen Verirrungen, »welche die Ruhe der Seele oder die Ordnung der Gesellschaft stören«.

Der Garten ist das Fleckchen auf Erden, das dem verlorenen Paradies am nächsten kommt. Der Mensch strebt zurück zu diesem sorgenfreien Ort. Er vergisst die Schlange – Blattlaus, Giersch und Sternrußtau – und ist für eine kurze Spanne der Schöpfer seines Glücks.

ELSEMARIE MALETZKE

DIE EINZIGE LEIDENSCHAFT, DIE IM ALTER ZUNIMMT

Ich wünschte, ich könnte meinen Geschmack an der Gartenkunst der ganzen Welt einflößen. Es scheint mir fast unmöglich, dass ein schlechter Mensch daran Vergnügen finden könne; denn er ist dessen gar nicht fähig. Wenn ich aber aus diesem Grunde den herumstreifenden Pflanzensammler, den leichtfüßigen und geschmeidigen Schmetterlingsfänger, den kleinlichen Muschelbegucker, den finstern Mineralogen, den eiskalten Geometer, die drei Narren der Poesie, der Musik und der Malerei, den zerstreuten Schriftsteller, den abstrakten Denker und den bescheidenen Chemiker schätze, so weiß ich dagegen beinahe keine Tugend, die ich nicht einem jeden beimesse, der über Gartenkunst schreibt und Gärten anlegt. Wer von dieser Leidenschaft hingerissen wird, der einzigen, die mit dem Alter zunimmt, legt von Tage zu Tage diejenigen immer mehr ab, welche die Ruhe der Seele oder die Ordnung der Gesellschaft stören.

CHARLES JOSEPH DE LIGNE

OBEN *»Die Pflanzen und Blümlein, die sind mein Pläsier, ich suche und sammle, bitte folgen Sie mir, denn ich bin, wie Sie sehn, ein Mann von Talent, der alles, was wächst, bis ins Würzelchen kennt.« Karte aus Holland, im Original mit Reim.*

DER GARTENPFAD

Fern der vergänglichen Welt
bleibt er ein Weg uns,
warum nicht hier abschütteln
den Staub von unseren Herzen.

SEN NO RIKYŪ

VOM GARTENBAU

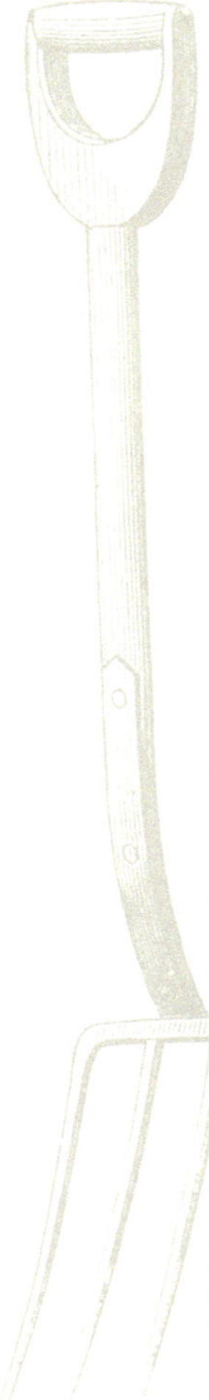

Zahlreich gewiss sind Zeichen und Vorzug geruhigen Lebens,
Nicht das Geringste ist es jedoch: der Rosenstadt Paestum
Kunst sich zu weihn in der Arbeit des fruchtbaren Gottes Priapus.
Was für Land du immer besitzest und wo es sich finde,
Sei's, dass auf sandigem Strich nur totes Geschiebe verwittert,
Oder es bringe aus fetter Feuchte gewichtige Früchte
Liegend auf ragenden Hügeln erhöht oder günstig im weiten,
Ebenen Feld oder schwieriger, da durch Täler zerklüftet:
Nirgends weigert es sich, die ihm eigenen Gewächse zu zeugen,
Wenn deine Pflege nur nicht ermattet in lähmender Trägheit,
Nicht sich gewöhnt, zu verachten den vielfachen Reichtum des Gärtners
Törichterweise, und nur sich nicht scheut, die schwieligen Hände
Bräunen zu lassen in Wetter und Wind und nimmer versäumet,
Mist zu verteilen aus vollen Körben im trockenen Erdreich.
Dies entdeckte mir nicht landläufiger Rede Erkenntnis
Und nicht allein Lektüre, die schöpft aus den Büchern der Alten:
Arbeit und eifrige Lust vielmehr, die ich vorzog der Muße,
Tag für Tag, haben dies mich gelehrt durch eigne Erfahrung. (...)

Wenn die Wälder mit Laub und die Berge mit üppigen Kräutern,
Lachende Wiesen schon grünen mit Gras, eine Weide der Augen,
Dann haben Nesseln den Raum überwuchert, der vor meiner Türe
Östlich zur Sonne sich wendet als Garten mit offenem Zugang,

RECHTS *Ungesäumt greift er an mit dem Karst. Hacken, Unkraut jäten und den Buckel krumm machen gehören seit Adam zum Gärtnerhandwerk. Und schon der mittelalterliche Mönch Walahfrid Strabo legte Hochbeete an. Holzschnitt von Hans Weiditz d. J., 1557.*

Und auf den Flächen des Feldchens sind schädliche Nesseln gewachsen,
Pfeilen vergleichbar, verderblich bestrichen mit ätzendem Gifte.
Wie dem zu wehren? So dicht war durch unten verkettete Wurzeln
Alles verwachsen, gleichwie im Stalle der Wärter ein grünes
Flechtwerk verfertigt, kunstvoll gewirket aus biegsamen Ruten,
Wenn mal der Huf des Pferds in gestaueter Feuchtigkeit leidet,
Weich und morsch wird der Hornschuh, den schwammigen Pilzen vergleichbar.
Ungesäumt greife ich an mit dem Karst, dem Zahn des Saturnus,
Ruhende Schollen, breche das leblos starrende Erdreich
Auf und zerreiße die Schlingen der regellos wuchernden Nesseln,
Und ich vernichte die Gänge, bewohnt von dem lichtscheuen Maulwurf,
Regenwürmer dabei an das Licht des Tages befördernd.
Dann im Südwind, bestrahlt von der Sonne, erwärmt sich das Gärtchen,
Und ich umzäune mit Holz es im Viereck, damit es beharre,
Über dem ebenen Boden ein wenig höher gehoben.
Allerwärts wird dann die Erde mit krummer Hacke zerkleinert,
Gärstoff des fetten Düngers darauf gestreut in den Boden.
Mancherlei Kräuter sucht man aus Samen zu ziehen, durch alte
Stecklinge andre wieder zu neuer Jugend zu bringen. (...)

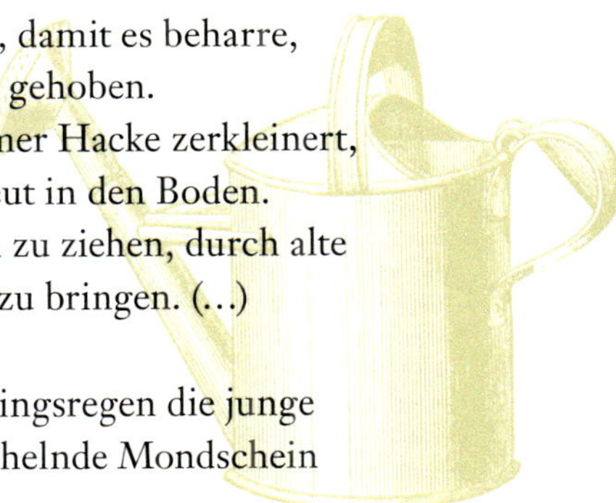

Schließlich besprengt bisweilen ein Frühlingsregen die junge
Saat, und wechselnd erquickt der schmeichelnde Mondschein der Blätter
Zartes Gefieder. Andererseits, wenn trockene Zeiten
Weigerten etwa den Segen des Taus, dann trieben mich eifrig
Liebe zum Garten und Sorge, dass nicht die fasrigen, kleinen
Wurzeln erschlaffen vor Durst, in geräumigen Krügen zu schleppen
Ströme erfrischenden Wassers und tropfenweise zu gießen
Aus den eigenen Händen, damit nicht in heftigem Schwalle
Allzu reichliche Fluten verschwemmten die keimenden Saaten.

WALAHFRID STRABO

… UND WAR GANZ UND GAR SYBARITISCH GESTIMMT

OBEN *Die Nachtigallen sangen, und vielleicht blühten die Apfelbäume, als Annette von Droste-Hülshoff im April auf der Gartenbank vorm Rüschhaus saß.*

Ich höre nichts von Ihnen, ich sehe nichts von Ihnen, und noch dazu jetzt, wo »Es ist die Zeit nun, dass im Wald – der Nachtigallen Lied erschallt«, folglich die Zeit, wo man am wenigsten der mindestens geistigen Nähe werter Personen entbehren kann (…). Könnten Sie übrigens auf einige Zeit hier sein, das überträfe alles an Annehmlichkeit, zwar fehlen dem Jahre noch die Früchte, frisch vom Strauche gepflückt, die vollständige Belaubung und der fast berauschende Duft, mit dem späterhin Rosen, *Siryngen*, Gewürzstrauch und Reseda die Luft füllen werden, aber doch verbreitet das junge Laub einen höchst lieblichen Geruch, – ich war gestern Abend bis zehn im Garten, Sie glauben nicht, wie mild es war, wie duftig, dabei so sternenklar wie im Winter, – ich saß auf der Bank am Hause, ließ mir von den Nachtigallen vorsingen, von der Luft zuwehen und war ganz und gar *sybaritisch* gestimmt. – Warum ist man wohl so ungeneigt zu poetischen Arbeiten in so höchst poetischen Momenten? Ich denke wohl, weil der Genuss den regelrechten Gedanken nicht aufkommen lässt – ich tue gar nichts – seit Beendigung des geistigen Jahrs, also seit drei Monaten, sind zwei Balladen das Einzige, was ich geschrieben.

ANNETTE VON DROSTE-HÜLSHOFF
am 26. April 1840 an Christoph Bernhard Schlüter

EIN LIED UM REGEN

Der Erste
Regen, komm herab!
Unsre Saaten stehn und trauern,
Und die Blumen welken.

Der Zweite
Regen, komm herab!
Unsre Bäume stehn und trauern!
Und das Laub verdorret.

Der Erste
Und das Vieh im Felde schmachtet,
Und brüllt auf zum Himmel.

Der Zweite
Und der Wurm im Grase schmachtet,
Schmachtet und will sterben.

Beide
Lass doch nicht die Blumen welken!
Nicht das Laub verdorren!
O, lass doch den Wurm nicht sterben!
Regen, komm herab!

MATTHIAS CLAUDIUS

OBEN *Der Wetterbericht kann es Sonnenanbetern und Gärtnern zugleich nicht recht machen. Begeisterung für harmlose Schleierwolken bringt solche, die um Regen barmen, an den Rand ihrer Leidensfähigkeit.*
GANZ UNTEN *Die Kapuzinerkresse stammt aus Peru. Einmal verwildert, braucht sie weder Gärtner noch Gießkanne.*

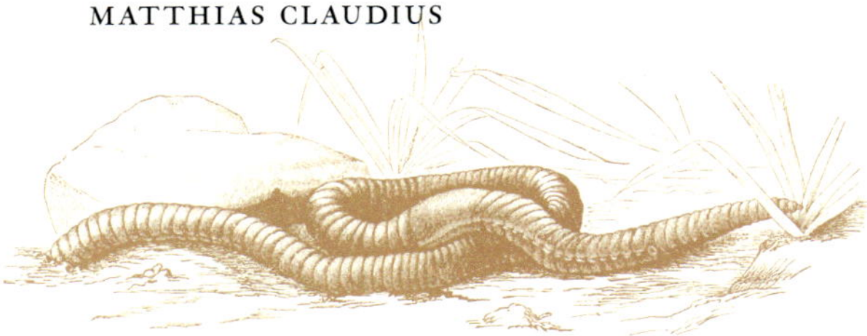

UNTER BLUMEN WIRD'S UNS WOHL

Unsere Blumen sind die freundlichsten Gesellschafter im müßigen und fleißigen Leben. Nicht allein, dass ihre schöne Gestalt, der herrliche Glanz ihrer Farben und Farbenspiel, der liebliche

Geruch uns so innig erfreuen, so sind wir auch von ihrem Leben um und mit uns angezogen, in ihrer Nähe und unter ihnen wird's uns wohl. (…) Man stelle nur eine Passiflora und eine Mimosa pudica neben sich, und man fühlet sich in Gesellschaft; denn man sieht ja das Leben in diesen Gewächsen, und wie sie sich bewegen; – somit werden sie mit uns vertraut, gleich den Tieren, die wir zu unserer Unterhaltung neben uns haben. (…)

Unterhaltung mit Blumen ist angenehm, hält von vielen teuren Zerstreuungen ab und erheitert das Gemüt und den Geist, denn Blumen sind nur angenehm. Selten, dass es einen Menschen gibt, der nicht Blumen liebt und ihnen gut ist, und immer veranlassen sie Milderung der Sitten und Beförderung der Sittlichkeit. Blumen lassen eine uns noch ganz unbekannte Welt ahnden, von der wir noch gar nichts wissen.

JAKOB ERNST VON REIDER

MIT DER DAMPFENDEN PFEIFE

OBEN *Mit Blumen sprechen, von Blumen lernen: Die Passionsblume befördert die Sittlichkeit.* UNTEN *Was aber flüstert uns die stolze Pfingstrose zu? Gemälde von Anselm Feuerbach, 1871.*

Mit der dampfenden Pfeife
Wandelnd zwischen der Rosen
Duftverhauchenden Beeten,
Schein' ich selbst mir ein Dampfschiff
Auf den indischen Wassern
Jener würzigen Inseln,
Die auf Meilen entgegen

Senden Düfte dem Schiffer;
Und die Dämpfe des Duftes
Mischen sich mit dem Dampfe,
Der dem Dampfer entqualmet,
Und die Qualme des Dampfes
Gehn im Meere der Düfte
Unter, und zu dem wolken-
losen Himmel als Wolke
Steigt der reine Gewürzrauch.

FRIEDRICH RÜCKERT

DATURA FASTUOSA

Er gelangte vor das breite Gittertor eines Gartens, aus dem ihm balsamische Düfte entgegenströmten. Er schaute hinein und blieb im tiefsten Erstaunen festgewurzelt stehen.

Ein mächtiger Zauber schien die Bäume, die Gebüsche der entferntesten verschiedensten Zonen hierher versetzt zu haben, die im buntesten Gemisch der seltsamsten Farben und Gestaltungen üppig prangten, wie dem heimatlichen Boden entsprossen. Die breiten Gänge, die den magischen Wald durchschnitten, fassten fremde Gewächse, Stauden ein, die Eugenius nur dem Namen, der Abbildung nach gekannt, und selbst Blumen, die er wohl gezogen im eignen Treibhause, erblickte er hier in einer Fülle und Vollendung, wie er sie nie geahnt. Durch den Mittelgang konnte er hinschauen bis zu einem großen runden Platz, in dessen Mitte aus einem Marmorbecken ein Triton Kristallstrahlen hoch in die Höhe spritzte. Silberpfauen stolzierten daher, Goldfasane badeten sich in dem Feuer der Abendsonne. – Nicht gar zu fern vom Tor blühte eine *Datura fastuosa* (schöner Stechapfel) mit ihren herrlich duftenden großen trichterförmigen Blumen in solch glanzvoller Pracht, dass Eugenius mit Scham an die ärmliche Gestaltung dachte, die dasselbe Gewächs in seinem Garten zeigte. Es war das Lieblingsgewächs der Professorin, und allen Unmut vergessend, dachte

UNTEN *Ihr Duft verrät die Engelstrompete: lieblich mit gefährlich schwüler Note.* Datura fastuosa *ist so unheilvoll wie die verborgene Sängerin hinter dem Gittertor.*

Ein üppiger Zaubergarten mit leichten Verfalls-erscheinungen und zwei Damen zwischen Blattwerk. Der Garten von San Gervasio, *1875 von Ramón Martí Alsina gemalt.*

Eugenius eben: »Ach! – könnte die gute Mutter solch eine *Datura* in den Garten bekommen!« – Da schwebten, wie von den Abendlüften getragen, süße Akkorde eines unbekannten Instruments aus den fernen Zaubergebüschen, und leuchtend stiegen die wunderbaren Himmelstöne einer weiblichen Stimme empor. – Es war eine jener Melodien, die nur die Liebesbegeisterung des Südens aus der tiefsten Brust hervorzurufen vermag, es war eine spanische Romanze, die die Verborgene sang.

Aller süße namenlose Schmerz der innigsten Wehmut, alle Glut inbrünstiger Sehnsucht erfasste den Jüngling, er geriet in eine Trunkenheit der Sinne, die ihm ein unbekanntes fernes Zauberland voll Traum und Ahnung erschloss. Er war auf die Knie gesunken und hatte den Kopf fest angedrückt an die Stäbe des Gitters.

Tritte, die sich dem Gattertor nahten, scheuchten ihn auf, und er entfernte sich schnell, um in seinem aufgeregten Zustande nicht von Fremden überrascht zu werden.

E. T. A. HOFFMANN

DER KAKTUS

Monsieur, Sie luden mich ein, auf eine Woche zu Ihnen zu kommen, und das bedeutet, dass ich meiner Tochter nah sein könnte, die ich über alles liebe. Sie, die Sie mit ihr leben, wissen, wie selten ich sie sehe, wie sehr mich ihre Anwesenheit beglückt, und ich bin gerührt, dass Sie mich auffordern, sie zu besuchen. Trotzdem werde ich Ihre gütige Einladung nicht annehmen, jedenfalls vorerst nicht, denn höchstwahrscheinlich wird in Kürze mein rosa Kaktus blühen. Er ist ein sehr seltenes Exemplar, das man mir geschenkt hat, und es heißt, dass er in unserem Klima nur einmal alle vier Jahre blüht. Ich bin nun schon eine sehr alte Frau, und würde ich verreisen, wenn mein rosa Kaktus kurz vor der Blüte steht, würde ich ihn gewiss nie wieder blühen sehen.

Ich danke Ihnen aufrichtig, Monsieur, und darf Sie bitten, den Ausdruck meines Bedauerns und meine besten Empfehlungen entgegenzunehmen.

SIDONIE COLETTE

Diesen Brief schrieb Sidonie Colette, die Mutter der Schriftstellerin, im Alter von 76 Jahren an ihren Schwiegersohn; ein Jahr später starb sie.

Mein kleiner runder Kaktus: links ein Mammillaria, *rechts ein* Melocactus, *dessen rote und rosa Blüten selten und erstmals nach sechs Jahren erscheinen. Kupferstich, 1817.*

SCHWELLKÖRPER

Nach den künstlichen Blumen, die die echten nachäfften, wollte er natürlich Blumen, die falsche nachahmten.

Er lenkte seine Gedanken in diese Richtung; er hatte keineswegs lange zu suchen, weit zu gehen, lag sein Haus doch mitten im Land der großen Züchter. Er brauchte nur die Treibhäuser der

Avenue de Châtillon und des Aunay-Tales zu besichtigen, dann kam er hundemüde zurück, die Börse leer, hingerissen von den Tollheiten der Vegetation, die er gesehen hatte, nur noch an die Arten denkend, die er erworben hatte, und unablässig verfolgt von der Erinnerung an herrliche, bizarre, ovale Blumenbeete.

Zwei Tage später kamen die Wagen.

Eine Liste in der Hand, rief Des Esseintes nacheinander seine Einkäufe auf und prüfte sie auf Vollständigkeit.

Die Gärtner hoben von ihren zweirädrigen Karren eine Sammlung von Kaladien, die auf geschwollenen, haarigen Stängeln riesige, herzförmige Blätter trugen; obwohl sie alle eine Familienähnlichkeit aufwiesen, glich keine der andern.

Es waren außergewöhnliche darunter, rosagetönte, wie die Virginale, die aus Wachstuch, aus englischem Heftpflaster ausgeschnitten schien; reinweiße, so die Albane, die wie aus dem durchsichtigen Brustfell eines Ochsen, wie aus einer transparenten Schweinsblase gemacht war; andere, vor allen die Madame Mame, glichen Zink, parodierten geprägte Metallstücke, waren kaisergrün gefärbt, mit Tropfen von Ölfarbe, mit Flecken von Mennige und Bleiweiß beschmutzt; diese hier, wie die Bosphore, täuschten gestärkten, karmesinrot und myrtengrün gesprenkelten Kattun vor; jene, wie die

UNTEN *Hingerissen von den Tollheiten der Vegetation bestellt der Zimmergärtner exotische Schönheiten von sinnlicher Anmutung und stofflichem Reiz wie diese Buntwurz,* Caladium bicolor. *Botanische Zeichnung von 1861.*

Aurora Borealis, entfalteten ein Blatt von der Farbe rohen Fleisches, durch das sich purpurne Rippen, ins Violette spielende Nerven zogen, ein aufquellendes Blatt, das blauen Wein und Blut ausschwitzte.

Die Albane und die Aurora vertraten die beiden extremen Tönungen des Temperaments: den Schlagfluss und die Bleichsucht.

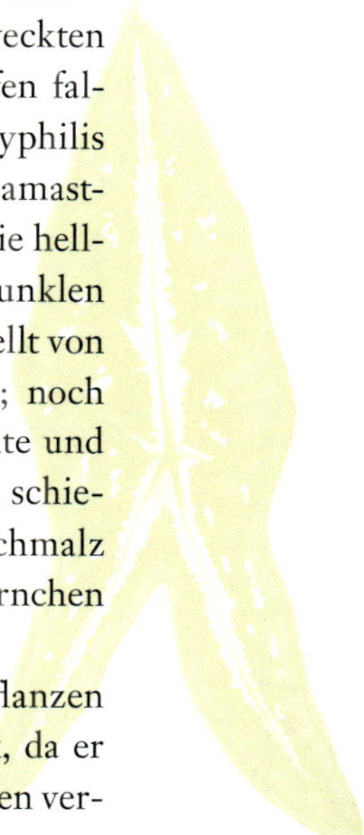

Die Gärtner brachten noch andere Sorten; diesmal erweckten sie den Anschein einer künstlichen Haut, über die Streifen falscher Venen liefen, und die meisten, wie zerfressen von Syphilis und Lepra, hatten ein fahles, von Röteln marmoriertes, damastartig mit Flechten überwuchertes Fleisch; andere wiesen die hellrosa Färbung von sich schließenden Narben oder den dunklen Ton von frischem Schorf auf; wieder andere waren aufgewellt von einem Brenneisen, schlugen Blasen von Verbrennungen; noch andere zeigten eine behaarte, von Geschwüren ausgehöhlte und vom Schanker aufgetriebene Epidermis; einige schließlich schienen mit Verbänden bedeckt, mit schwarzem Quecksilberschmalz und belladonnagrüner Salbe beschmiert und mit Staubkörnchen vom gelben Glimmer des Jodoformpuders punktiert.

Wie sie so beieinanderstanden, schimmerten diese Pflanzen vor Des Esseintes weit monströser als in dem Augenblick, da er sie, zusammen mit den anderen, wie in einem Hospital in den verglasten Sälen der Treibhäuser entdeckt hatte.

»Donnerwetter!«, entfuhr es ihm begeistert.

JORIS-KARL HUYSMANS

DAS SELTENSTE OBST ALLER ZONEN IN DEN KOSTBARSTEN GEFÄSSEN

Nachdem ich die lange Norderstraße hinaufgestiegen und das Tor erreicht, sah ich bald die Säulen durch das Grüne schimmern – »also hier«, dacht' ich. Ich wischte den Staub von meinen Füßen mit einem Schnupftuch ab, setzte mein Halstuch in Ordnung und zog in Gottes Namen die Klingel. Die Tür sprang auf. Auf dem Flur hatt' ich ein Verhör zu bestehn, der Portier ließ mich aber anmelden, und ich hatte die Ehre, in den Park gerufen zu werden, wo Herr *John* mit einer kleinen Gesellschaft sich erging. Ich erkannte gleich den Mann am Glanze seiner wohlbeleibten Selbstzufriedenheit. Er empfing mich sehr gut, wie ein Reicher einen armen Teufel, wandte sich sogar gegen mich, ohne sich jedoch von der übrigen Gesellschaft abzuwenden, und nahm mir den dargehaltenen Brief aus der Hand. – »So, so! von meinem Bruder, ich habe lange nichts von ihm gehört. Er ist doch gesund? – Dort«, fuhr er gegen die Gesellschaft fort, ohne die Antwort zu erwarten, und wies mit dem Brief auf einen Hügel, »dort lasse ich das neue Gebäude aufführen.« Er brach das Siegel auf und das Gespräch nicht ab, das sich auf den Reichtum lenkte. »Wer nicht Herr ist wenigstens einer Million«, warf er hinein, »der ist, man verzeihe mir das Wort, ein Schuft!« – »Oh, wie wahr!«, rief ich aus mit vollem, überströmendem Gefühl. Das musste ihm gefallen, er lächelte mich an und sagte: »Bleiben Sie hier, lieber Freund, nachher hab' ich vielleicht Zeit, Ihnen zu sagen, was ich hiezu denke«, er deutete auf den Brief, den er sodann einsteckte, und wandte sich wieder zu der Gesellschaft. – Er bot einer jungen Dame den Arm, andere Herren bemühten sich um andere Schöne, es fand sich, was sich passte, und man wallte dem rosenumblühten Hügel zu.

UNTEN *Diese Rose sticht, aber nur ganz fein. Die Stängel der* Rosa muscosa *sind mit Blattauswüchsen und Öldrüsen wie mit Moos bedeckt. Radierung von Henry Charles Andrews.*

Ich schlich hinterher, ohne jemandem beschwerlich zu fallen, denn keine Seele kümmerte sich weiter um mich. Die Gesellschaft war sehr aufgeräumt, es ward getändelt und gescherzt, man sprach zuweilen von leichtsinnigen Dingen wichtig, von wichtigen öfters leichtsinnig, und gemächlich erging besonders der Witz über abwesende Freunde und deren Verhältnisse. Ich war da zu fremd, um von alledem vieles zu verstehen, zu bekümmert und in mich gekehrt, um den Sinn auf solche Rätsel zu haben.

Wir hatten den Rosenhain erreicht. Die schöne *Fanny*, wie es schien, die Herrin des Tages, wollte aus Eigensinn einen blühenden Zweig selbst brechen, sie verletzte sich an einem Dorn, und wie von den dunklen Rosen, floss Purpur auf ihre zarte Hand. Dieses Ereignis brachte die ganze Gesellschaft in Bewegung. Es wurde Englisch Pflaster gesucht. Ein stiller, dünner, hagerer, länglicher, älterer Mann, der neben mit-

OBEN *Die Wiese ist der Picknickgesellschaft Teppich genug. Illustration zu* Luise. Ein ländliches Gedicht in drei Idyllen *von Johann Heinrich Voss.*

ging und den ich noch nicht bemerkt hatte, steckte sogleich die Hand in die knapp anliegende Schoßtasche seines altfränkischen, grautaffetenen Rockes, brachte eine kleine Brieftasche daraus hervor, öffnete sie und reichte der Dame mit devoter Verbeugung das Verlangte. Sie empfing es ohne Aufmerksamkeit für den Geber und ohne Dank, die Wunde ward verbunden, und man ging weiter den Hügel hinan, von dessen Rücken man die weite Aussicht über das grüne Labyrinth des Parkes nach dem unermesslichen Ozean genießen wollte.

Der Anblick war wirklich groß und herrlich. Ein lichter Punkt erschien am Horizont zwischen der dunklen Flut und der Bläue des Himmels. »Ein Fernrohr her!«, rief *John*, und noch bevor das auf den Ruf erscheinende Dienervolk in Bewegung kam, hatte der graue Mann, bescheiden sich verneigend, die Hand schon in die Rocktasche gesteckt, daraus einen schönen Dolland hervorgezogen und es dem Herrn *John* eingehändigt. Dieser, es sogleich an das Aug' bringend, benachrichtigte die Gesellschaft, es sei das Schiff, das gestern ausgelaufen und das widrige Winde im Angesicht des Hafens zurückhielten. Das Fernrohr ging von Hand zu

OBEN *Picknickkorb aus Weide für sechs Personen, komplett mit Tablett und Kuchendose. Modell aus einem viktorianischen Haushaltskatalog.*

Hand und nicht wieder in die des Eigentümers; ich aber sah verwundert den Mann an und wusste nicht, wie die große Maschine aus der winzigen Tasche herausgekommen war; es schien aber niemandem aufgefallen zu sein, und man bekümmerte sich nicht mehr um den grauen Mann als um mich selber.

Erfrischungen wurden gereicht, das seltenste Obst aller Zonen in den kostbarsten Gefäßen. Herr *John* machte die Honneurs mit leichtem Anstand und richtete da zum zweiten Mal ein Wort an mich: »Essen Sie nur; das haben Sie auf der See nicht gehabt.« Ich verbeugte mich, aber er sah es nicht, er sprach schon mit jemand anderem.

Man hätte sich gern auf den Rasen, am Abhange des Hügels, der ausgespannten Landschaft gegenüber gelagert, hätte man die Feuchtigkeit der Erde nicht gescheut. Es wäre göttlich, meinte wer aus der Gesellschaft, wenn man türkische Teppiche hätte, sie hier auszubreiten. Der Wunsch war nicht sobald ausgesprochen, als schon der Mann im grauen Rock die Hand in der Tasche hatte und mit bescheidener, ja demütiger Gebärde einen reichen golddurchwirkten türkischen Teppich darauszuziehen bemüht war. Bediente nahmen ihn in Empfang, als müsse es so sein, und entfalteten ihn am begehrten Orte. Die Gesellschaft nahm ohne Umstände Platz darauf; ich wiederum sah betroffen den Mann, die Tasche, den Teppich an, der über zwanzig Schritte in der Länge und zehn in der Breite maß, und rieb mir die Augen, nicht wissend, was ich dazu denken sollte, besonders da niemand etwas Merkwürdiges darin fand.

Ich hätte gern Aufschluss über den Mann gehabt und gefragt, wer es sei, nur wusst' ich nicht, an wen ich mich richten sollte, denn ich fürchtete mich fast noch mehr vor den Herren Bedienten als vor den bedienten Herren. Ich fasste endlich ein Herz und trat an einen jungen Mann heran, der mir von minderem Ansehen schien als die andern und der öfter allein gestanden hatte. Ich bat ihn leise, mir zu sagen, wer der gefällige Mann sei dort im grauen Kleide. – »Dieser, der wie ein Ende Zwirn aussieht, der einem Schneider aus der Nadel entlaufen ist?« – »Ja, der allein steht.« –

»Den kenn' ich nicht«, gab er mir zur Antwort, und wie es schien, eine längere Unterhaltung mit mir zu vermeiden, wandt' er sich weg und sprach von gleichgültigen Dingen mit einem andern.

Die Sonne fing jetzt stärker zu scheinen an und ward den Damen beschwerlich; die schöne *Fanny* richtete nachlässig an den grauen Mann, den, soviel ich weiß, noch niemand angeredet hatte, die leichtsinnige Frage: ob er nicht auch vielleicht ein Zelt bei sich habe? Er beantwortete sie durch eine so tiefe Verbeugung, als widerführe ihm eine unverdiente Ehre, und hatte schon die Hand in der Tasche, aus der ich Zeuge, Stangen, Schnüre, Eisenwerk, kurz alles, was zu dem prachtvollsten Lustzelt gehört, herauskommen sah. Die jungen Herren halfen es ausspannen, und es überhing die ganze Ausdehnung des Teppichs – und keiner fand noch etwas Außerordentliches darin.

ADELBERT VON CHAMISSO

EIN KRAUTHAUPT

Wie wohl ist mir's, dass mein Herz die simple, harmlose Wonne des Menschen fühlen kann, der ein Krauthaupt auf seinen Tisch bringt, das er selbst gezogen, und nun nicht den Kohl allein, sondern all die guten Tage, den schönen Morgen, da er ihn pflanzte, die lieblichen Abende, da er ihn begoss und da er an dem fortschreitenden Wachstum seine Freude hatte, alle in einem Augenblicke wieder mitgenießt.

JOHANN WOLFGANG VON GOETHE

UNTEN *Die reifen ins Körbchen und ein zufriedener Blick auf Weiß- und Rotkohl, Kürbis, Petersilie, Suppenkraut und alles, was nachwächst. Christian Maximilian Baer malte diese* Bäuerin im Gemüsegarten *um 1900.*

OBEN *Vorbildliche Mischkultur: Kraut und blühende Blumen. 1899 aquarellierte die österreichische Landschaftsmalerin Ernestine von Kirchsberg diese in ihre Arbeit versunkene Bäuerin.*

GEBET EINES GÄRTNERS

Mein Herr, richte es bitte irgendwie ein, dass es jeden Tag etwa ab Mitternacht bis ungefähr drei Uhr morgens regnet, aber weißt Du, ganz leicht und warm, damit der Boden den Regen aufnehmen kann. Lass es aber nicht auf die Pechnelke regnen, auch nicht auf das Steinkraut, das Sonnenröschen und auf den Lavendel und die anderen, die Dir bei Deiner unendlichen Weisheit als trockenliebende Pflanzen bekannt sind. Wenn Du willst, schreibe ich Dir eine Liste auf. Die Sonne möchte den ganzen Tag scheinen, aber nicht überallhin (zum Beispiel nicht auf den Spierstrauch, auch nicht auf den Gelben Enzian, die Funkie und den Rhododendron) und nicht zu stark. Es möge viel Tau und wenig Wind geben, genug Regenwürmer, keine Blattläuse und Nacktschnecken sowie keinen Mehltau. Dafür sollte es einmal in der Woche verdünnte Gülle und Taubenmist regnen. Amen.

KAREL ČAPEK

PRIMA MATERIA

Meinem geliebten Garten tut der Regen wohl, und ich sehe aus den Fenstern zu, wie der Salat und die Bohnen wachsen. (...)

Dies Jahr hebt sich mein Garten, künftiges Jahr wird er schon anschaulich werden. Ich habe ein armes Weib, genannt Madonna, angestellt, mir auf Viehtriften Kuhfladen zu sammeln. Sie schleppt

RECHTS *Geheimnisvolle Abwesenheit. Im Garten ist alles in schönster Ordnung, nur der Gärtner fehlt. Eine Gießkanne ist umgefallen, und die Kapuzinerkresse schickt sich zur Eroberung des Wegs an.* Im Garten *von Olga Wisinger-Florian, um 1910.*

diese Blinzen herbei wie eine Ameise, und daraus mache ich mir prima materia, aus der alles andere wird. Meine Georginen sind z. T. schon eine halbe Elle hoch, ich habe deren 21 Stück, sehr edle Sorten, auf deren Blüte ich mich freue. Der Herbst wird gar bunt in meinem Garten schimmern. Mein Obst hat reichlich geblüht und mittelmäßig angesetzt. Abends im Garten zu graben und zu pflanzen, während die Mädchen mit aufgebundenen Röcken durch die Beete mit den Gießkannen schreiten, die Jungens schaukeln und turnen und Julchen mit dem Strickstrumpf streift, ist meine größte Lust. Die Bernstorff hat uns mitten im Garten eine prachtvolle grüne Schaukel erbaut, darin sitzt die junge Brut und fliegt durch die Atmosphäre mit Geschrei.

WILHELM VON KÜGELGEN

ETLICHE HESSISCHE DURCHLAUCHTEN

Bei der Großmama ist ewiger Besuch, heute spazierte man zu siebzehn Fürstlichkeiten im Garten auf und ab, die Großmama zum Bewundern, in Anmut und Würde alle überstrahlend, *Isenburg*, *Reuß*, *Erbach* und etliche hessische Durchlauchten und nebenbei auch noch der Herzog von Gotha, der schon längere Zeit täglich Brotgast im Haus, nämlich alle Mittag um drei Uhr kommt er herausgefahren und lässt sich von mir die Depeschen vorlesen und Journale, dann geht er in den Garten, wo er Bohnen gepflanzt hat, die muss ich ihm begießen helfen. Die Großmama spricht von seinem Genie, mir gefällt, dass er mit mir umgeht wie mit einem Kind, er nennt mich *Du!* Frägt mich nie nach was anderm, als was ich mit Ja oder Nein beantworten kann, weiter hab ich ihm nichts gesagt bis jetzt – und im Garten lässt er mich in der Sonnenhitze den Regenschirm tragen, und er trägt die Gießkanne, letzt war er so matt, dass er sie hinstellen musste, ich sagte, er solle den Parapluie tragen, ich wolle die Gießkanne nehmen, er meinte, die sei wohl zu schwer für mich, als er aber sah, dass ich sie mit ausgestrecktem Arm weitab durch die Luft trug, um mein Kleid nicht nass zu machen, so nennt er mich seitdem die starke Magd. – Seine roten Haare, die einen verzweiflungsvollen Schwung haben wie ein schweres Ährenfeld, das der Hagel verwüstet hat, und sein

UNTEN *Die Dichterin trägt die Gießkanne und der Fürst den Sonnenschirm; so stehen sie einig beisammen wie Rosen und Madonnenlilien in diesem Bauerngarten. Aquarell von Hans Götzinger, 1928.*

blasses Angesicht geben ihm in der Abenddämmerung das Ansehen von einem Geist; ich hab mich vor ihm gefürchtet, wie er mich abends durchs Boskett begleitete. Die Großmama hatte alle Fürstlichkeiten an der Wagentüre begrüßt und dagegen protestiert, dass sie unter das Dach ihrer Grillenhütte kommen, sie wollten aber absolut in die Grillenhütte herein, und so ward diese bald zu eng. – Im Garten machte der Herzog selbst eine Weinkaltschale mit Pfirsich; denn er panscht gern, ich musste dazu alles herbeiholen in die Geißblattlaube, da er mich nun immer starke Magd nannte, so passiert ich bei der hohen Gesellschaft für ein so seltnes Monstrum; zuletzt sagte er noch: »Geh an unsre Bohnenstangen und sorge, dass die breitfüßigen und krummbeinigen Spaziergänger sie nicht umtreten!« Ich holte mir die Schawell und setzte mich mitten ins Bohnenfeld, wo ich nicht mehr bemerkt wurde, es war mir eine Labung; denn ich war betäubt und müde, alles kann ich ertragen, nur nicht das Brausen der Menschenreden, die kein Feuer, keinen Zweck haben und immer in der Luft herumgreifen und nichts fragen und nichts anregen; besser wär's, schweigen.

BETTINA VON ARNIM

SIGNOR DI BROCCOLI UND ANDERE ARTIGE HERREN

Man kann denken, wie Fräulein Ännchen sich vor Corduanspitzes Zumutung entsetzte, wie sie sich sträubte, dem bedrohlichen Popanz auch nur einen Schritt zu folgen. Corduanspitz ließ aber nicht nach, ihr die außerordentliche Schönheit, den grenzenlosen Reichtum des Gemüsegartens, der eigentlich sein Palast sei, mit solchen eindringlichen Worten zu beschreiben, dass sie endlich sich entschloss, wenigstens etwas hineinzugucken in das Gezelt, welches ihr denn doch ganz und gar nicht schaden könne. – Der Kleine schlug vor lauter Freude und Entzücken wenigstens zwölfmal hintereinander Rad, fasste dann aber sehr zierlich Fräulein Ännchens Hand und führte sie durch den Garten nach dem seidnen Palast.

Mit einem lauten: Ach! blieb Fräulein Ännchen wie in den Boden gewurzelt stehen, als die Vorhänge des Einganges aufrollten und sich ihr die Aussicht eines unabsehbaren Gemüsegartens erschloss von solcher Herrlichkeit, wie sie auch in den schönsten Träumen von blühendem Kohl und Kraut keinen jemals erblickt. Da grünte und blühte alles, was nur Kraut und Kohl und Rübe und Salat und Erbse und Bohne heißen mag, in funkelndem Schimmer und solcher Pracht, dass es gar nicht zu sagen. – Die Musik von Pfeifen und Trommeln und Zimbeln ertönte stärker, und die vier artigen Herren, die Fräulein Ännchen schon kennengelernt, nämlich der Herr von Schwarzrettich, der Monsieur de Roccambolle, der Signor di Broccoli und der Pan Kapustowicz, nahten sich unter vielen zeremoniösen Bücklingen.

E. T. A. HOFFMANN

OBEN UND UNTEN *Im Reich der Wurzeln und Gemüse spielt E. T. A. Hoffmanns Märchen* Die Königsbraut, *in dem Fräulein Ännchen um ein Haar den Karottenkönig heiratet. Das royale Gefolge ist samt und sonders essbar: Schwarzrettich, Knoblauch und Sauerkraut.*

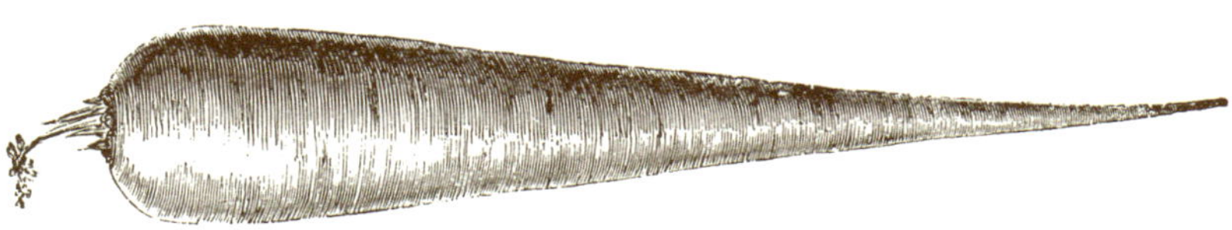

WER HÄLT DAS AUS?

»Es war immer ein sehr komfortables Haus«, sagte Mrs Parker, während sie mit einem gewissen liebevollen Bedauern durch das Rückfenster blickte. »Und so ein hübscher Garten – so ein vortrefflicher Garten.«

»Ja, mein Liebling, aber *den* nehmen wir ja sozusagen mit. Er versorgt uns wie zuvor mit so viel Früchten und Gemüsen, wie wir nur wollen. Und wir haben effektiv jede Annehmlichkeit eines Gemüsegartens, ohne den ständigen lästigen Anblick seines Wachstums vor Augen zu haben oder alljährlich das Unangenehme seiner verfaulenden Vegetation. Wer hält den Anblick eines Kohlkopfbeetes im Oktober aus?«

JANE AUSTEN

RECHTS *Pralle Trauben warten auf die Lese, die Kelter, das Fass und die Kunst des Winzers.* RECHTS OBEN *Gott Bacchus regiert nicht mit Zepter und Schwert, sondern mit Flasche, Krug und Rebenkrone.*

EIN HERBSTLIED ZUR BEGLEITUNG DES FASSTRICHTERS

Nun klärt sich im Fasse der neue Wein,
Doch draußen wird es trübe,
Nur manchmal tut der Sonnenschein,
Als ob er den Nebel hübe;
Das Feld behauptet stolz allein
Die brave Zuckerrübe,
Doch auch ihr scheint es frostig zumute zu sein:
Ach, kochte man bald mich zu Zucker doch ein!
Ach, wenn man doch balde mich grübe!

King Thanatos sitzt auf dem Thron
Und übt sich im Regieren;
Mit Reichsschwert, Zepter, Reichsapfel und Kron
Sieht man ihn emsig jonglieren;
Sonst würd es des Winters selbsteigenen Sohn
An höchstseinen Händen frieren;
Blitzblau sind ihm Backen und Nase schon.
Jetzt ist der Trichter mein Bombardon,
Und ich gehe den Neuen probieren.

OTTO JULIUS BIERBAUM

DER KUTSCHER ALS GÄRTNER

Der größere Garten erforderte mehr Arbeit, deshalb sollte der Kutscher zugleich auch etwas von der Gärtnerei verstehen. Des Vaters Wahl fiel auf einen armen Menschen von Weiler (einem Ort in der Nähe von Weinsberg), der auf die mildeste Art geisteskrank und dabei das harmloseste Geschöpf war, das es geben konnte. Bei allem, was er tat, sang er mit hellklingender Stimme geistliche Lieder. Glaubte man ihn im Garten bei der Arbeit, so hatte er auf einem Tisch Blätter ausgebreitet, dieselben mit Blumen verziert und Beeren daraufgelegt. Hielt man ihm vor: »Aber Adam, was tust du, warum arbeitest du nicht?«, erwiderte er: »Ich hab' doch de Vöchele (Vögelein) den Tisch decke müsse, sie singe ja so schön.« Schickte man ihn in den Garten, um das Gras abzumähen, so ließ er oft die Sense ruhen, weil er die schönen Blumen nicht abschneiden wollte. Einmal machte er sich eine Mütze aus Kletten, die sich ihm so fest in das Haar setzte, dass er sie tagelang nicht herunterbrachte. Er lebte ganz mit der Natur, aber arbeiten wollte er nicht, nur spielen und singen.

JUSTINUS KERNER UND
MARIE NIETHAMMER

UNTEN *Mit der Natur leben und alt werden. 1885 porträtierte der belgische Maler Emile Claus diesen alten Gärtner.*

MEIN GARTENHAUS WIRD FREI

Weimar, 28. März 1800

Ja lieber Freund, überwiegende Gründe haben es entschieden, dass ich diesen Sommer in Weimar und vielleicht einen Teil desselben in Rudolstadt zubringen werde. Mein Gartenhaus wird dadurch frei, und es würde mir sehr angenehm sein, Sie diesen Sommer als mein Nachfolger darin zu wissen. Fünfzig Thlr ist der Preis, und wenn Sie die Nutznießung des Gartens dabei wünschen (das Gras ausgenommen, welches verpachtet ist), so geben Sie die fünfzig Thaler in sächsischen Courant (Ldors a 5 rth). Der Garten ist besonders reich an Rosen und an Lilien, und Sie können, wenn es ein gutes Jahr gibt, eine reichliche Obsternte halten. Ich bitte Sie nur, mir Ihre Entschließung, sobald als Sie sie getroffen, wissen zu lassen. Mit meiner Gesundheit geht es immer noch sehr langsam, ich war zu schnell und zu heftig angegriffen worden, dass die Natur sich nicht so bald wieder davon erholen kann. Sonst ist alles bei mir wohl, meine Frau, die sich Ihnen beiden aufs Freundschaftlichste empfiehlt, hat, seitdem wir hier sind, eines anhaltenden Wohlseins sich erfreut und auch die Unruhen und Sorgen bei meiner eigenen Krankheit gut überstanden.

Wir werden uns sehr freuen, Sie in den Ferien hier wiederzusehen.

Herzlich umarme ich Sie
Ihr ganz ergebener Schiller

FRIEDRICH SCHILLER
in einem Brief an Gottlieb Hufeland

OBEN *Schöpferische Ruhe. Friedrich Schiller schlummert anmutig auf einer Bank im Garten, bewacht von einer Dame.*

DER GARTEN EINES GUTSBESITZERS IM COUNTY WICKLOW

Einen Steinwurf entfernt von dem alten Haus im County Wicklow, in dem ich mehrere Sommer verbrachte, lag ein Garten, der fünfzehn oder zwanzig Jahre lang sich selber überlassen war.

OBEN Wo der vergessene Garten schläft *nannte Georgina de l'Aubinière ihr Gemälde. Was verwunschen aussieht, wird bald Wildnis sein. Die Sonnenuhr ist schon umzingelt.*

Gleich hinter dem Eingangstor führten zwei Wege zwischen den von Blättern halb erstickten Erdbeerbeeten hindurch, wo sich doch noch einige kleine, weiße Erdbeeren versteckten. Ein Stück weiter waren bis zu zweitausend Quadratmeter mit hohen Himbeersträuchern und eineinhalb Meter hohen Disteln bedeckt, die miteinander zu einer dichten Masse verflochten waren, in der jedoch weiterhin genug Himbeeren reiften, um einen ganzen Haushalt für ein Jahr zu versorgen. Dahinter standen in einem Schierlingsmeer etwa ein halbes Dutzend mit Flechten und Moos bewachsene Apfelbäume, während an der Nordwand einige sterbende Pflaumenbäume in ihrem Spalier hingen. Entfernt davon stand ein toter Birnbaum, und auf dem Weg zurück zum Tor passierte man eine hochgewachsene Fuchsie voller leerer Nester. An einigen Stellen konnte man Überbleibsel der Einfassungen sehen, wo einst Blumenbeete angelegt worden waren, und wenn jemand, der sich damit auskannte, genau hinsah, entdeckte er Überreste von schönen und seltenen Pflanzen.

Eine fast zwei Meter hohe Mauer zog sich um diesen ganzen Garten, und darin waren drei oder vier Wege mit ausgetretenen Löchern zu entdecken, wie die Pfade, die in Kerry eine Klippe hinabführen; hier waren Knaben und Landstreicher in den Garten geklettert, um sich Äpfel oder anderes Obst, das gerade reif war, zu holen. Auf den drei Windseiten lugten schön gewachsene Linden über die Mauer, bei denen sich im Sommer Zehntausende Bienen trafen. Unterhalb der Ostwand befand sich das Dach eines Gewächshauses, dort konnte man, ob es nun trocken oder nass war, sitzen und Vögel und Schmetterlinge beobachten; viele davon waren recht selten. Die Jahreszeiten wechselten hier immer spät – der Garten lag sehr hoch –, und oft nisteten im Spätsommer in der Nähe noch Rotfinken, ein- oder zweimal taten Zeisige es ihnen nach, und bis Anfang August keckerten ohne Ende die Buchfinken in den Linden.

OBEN *Unverdrossen blühen und fruchten die Erdbeeren in verlassenen Gärten, auch wenn nur noch die Schnecken von ihnen naschen.*
UNTEN *Groß ist die Familie der Immen, wie* Brehms Tierleben *sie zeigt: Erdbienen, Bürstenbienen, Ballenbienen.*

In Irland kennen alle die Tragödien, die das Leben der Bauern und Fischer eint; in diesem Garten aber glaubte man auch, die Tragödie der Landbesitzerklasse und der zahllosen alten Familien zu spüren, die so schnell im Schwinden begriffen sind. Die Landbesitzer können im Moment nicht mit besonderem Mitleid rechnen und haben es auch kaum verdient; und doch kann man nicht ganz vergessen, dass sie die Nachkommen einer im

18. Jahrhundert kühnen und hochkultivierten Aristokratie gewesen sind. Die zerstörten Gewächshäuser und die von Mäusen zernagten Bibliotheken, entworfen und angelegt von Männern, die zusammen mit Grattan ihre Stimme abgegeben hatten, sind im Grunde vielleicht ebenso beklagenswert wie die vier Lehmwände, die vielerorts in Wicklow die einzigen Überreste eines Bauernhauses ausmachen. Das Elend des Lebens ist häufig sehr ortstypisch, und wenn ein Bühnenautor sich in den irischen Landhäusern umsähe, würde er vermutlich genug Material für viele düstere Stücke finden, die das Aussterben der alten Familien und das Leben von ein oder zwei zarten Mädchen behandeln könnten, die so oft die einzigen Nachkommen von einem Dutzend schneidiger Männer aus der letzten Generation darstellen. Viele der Nachkommen dieser alten Familien sind natürlich jetzt in Dublin tätig oder sind ins Ausland gegangen, doch wo sie auch sein mögen, sie können mit ihren Ahnen nicht mithalten, und wo früher schöne Ausgaben von Molière und des *Don Quixote* auf Französisch und Spanisch und kostbar gebundene Werke von Juvenal, Perseus und Cicero standen, werden jetzt nur noch Longfellow, Hall Caine und Miss Corelli gelesen. Wo vor hundert Jahren feste, geräumige Häuser errichtet wurden, werden heute ärmliche, billige Häuser gebaut; und schlecht gebundene Bücher, schlechte Bilder und schlechte Dekorationsstücke werden dort geschätzt, wo einst die irischen Großgrundbesitzer reich verzierte Einbände, wunderschöne Miniaturen und schön verzierte Kamine vorzogen.

JOHN MILLINGTON SYNGE

DAS WICHTIGSTE

»Sie haben das Leben einmal mit einem Garten verglichen. Was ist in dem Garten wichtiger, das Gemüse oder die Blumen?«

»Das hängt von jedem selbst ab. Das Wichtigste ist nur, nichts, aber auch gar nichts brach liegen zu lassen.«

JEANNE MOREAU

OBEN *Von Rosen umrankt ist die alte Zinkkanne. So kann der Wind sie nicht umwerfen.*

4. KAPITEL

Geliebte Bäume

Dem Birnbaum Mut zureden.
Gras wachsen lassen, wo es wächst.
THOMAS ROSENLÖCHER

IM VORAUS

»Bäume sind Heiligtümer«, schrieb Hermann Hesse. »Wer mit ihnen zu sprechen, wer ihnen zuzuhören weiß, der erfährt die Wahrheit.« Bäume predigten das Urgesetz des Lebens. Sollten sie neben dem vegetativen also auch ein geheimes Gefühls- und Seelenleben besitzen? Esoteriker zweifeln nicht daran. Nach einer speziellen Baum-Mythologie kann sich jeder Mensch einer Art wie einem Paten zuordnen, ihre Aura erfühlen, Zuspruch und Heilung von ihren Vertretern erfahren. Für Friedrich Hölderlin waren die Eichbäume – »jeder ein Gott, in freiem Bund zusammen« – Metaphern für

LINKS *Was wollen die Bäume? Uns Mut zusprechen oder einfach nur in Ruhe alt werden? Ferdinand Georg Waldmüller malte diese Veteranen im Prater 1833.*
UNTEN *Vom selben Maler stammt das Bild* Praterlandschaft, *um 1830.*

ein ideales zukünftiges Zusammenleben der Menschen. »Mein Freund, der Baum«, sang Alexandra Ende der 1960er Jahre. Das Lied traf das aufkeimende grüne Gewissen und ist noch immer der schlichte, baumstarke Nenner, auf den sich Naturschützer, esoterische Baumbelauscher und Dendrologen einigen können.

Tatsächlich stehen Bäumen, wie alle Natur, menschlichen Wünschen und Bestrebungen komplett indifferent gegenüber. Keine Gerichtslinde will etwas erzählen, kein wirtlicher Feldahorn den Wanderer mit Schatten beschenken, keine Kastanie unser Freund sein. Wir sind es, die etwas von den Bäumen wollen: Äpfel, Nüsse, Oliven, Kakao, Kork, Papier, Gartenmöbel – aber auch sauberes Wasser, Trost, Schutz und Schatten, ästhetischen Genuss und Inspiration. Sie waren lange vor uns da; schließlich sind wir von ihnen herabgestiegen.

Eichen stehen unerschütterlich auf ihren Pfahlwurzeln. Diese große Vertreterin wuchs zu Graupen in Böhmen, wo Ludwig Richter sie 1836 malte.

Der Achtung und Pflege von Freund Baum stehen niederschmetternde Waldschadensberichte gegenüber und die Verstümmelung und Beseitigung einzelner, oft sehr alter Bäume. Dass die böse Tat heute nicht mehr so einfach vollstreckt werden kann, liegt an einer unlängst erworbenen ökologischen Korrektheit und einem sehr viel älteren Gefühl für etwas Übergeordnetes, das wir den Bäumen zugestehen. Es ist der heidnische Verdacht, dass mit der Zerstörung der Außenwelt unsere innere Welt Schaden nehmen und dass der Verlust eines Baums mehr als den Tod einer »grünen Lunge« bedeuten könnte.

Bäume werden seit jeher bedichtet und besungen. Sie sind nötig und herzgewinnend und eigentlich ganz unkompliziert. Außer wachsen und grünen und unbelästigt alt werden wollen sie nichts; nicht reden, nicht deuten, keine Wahrheiten enthüllen. Das erledigen an ihrer Stelle die Menschen. Wir haben sie zu unserem Bilde gemacht: kein Märchen ohne Wald; kein Paradies ohne Apfelbaum, keine Kirmes ohne Linde, kein Friedhof ohne Lebensbäume; kein Leben ohne Bäume.

ELSEMARIE MALETZKE

SAG ICH'S EUCH, GELIEBTE BÄUME

Sag ich's euch, geliebte Bäume,
Die ich ahndevoll gepflanzt,
Als die wunderbarsten Träume
Morgenrötlich mich umtanzt.
Ach, ihr wisst es, wie ich liebe,
Die so schön mich wiederliebt,
Die den reinsten meiner Triebe
Mir noch reiner wiedergibt.

Goethes Gartenhaus an der Ilm, wo er fern des strengen Weimarer Hofprotokolls dem reinsten seiner Triebe folgen konnte.

Wachset wie aus meinem Herzen,
Treibet in die Luft hinein,
Denn ich grub viel Freud' und Schmerzen
Unter eure Wurzeln ein.
Bringet Schatten, traget Früchte,
Neue Freude jeden Tag.
Nur dass ich sie dichte, dichte
Dicht bei ihr genießen mag.

JOHANN WOLFGANG VON GOETHE

Goethe schrieb diese Verse auf die selbst gepflanzten Bäume, die noch heute sein Gartenhaus am Weimarer Park beschatten, am 16. Dezember 1780.

EINIGE BÄUME: AALKIRSCHE BIS QUITSCHBEERE

Der Aalkirschen-, Heckenkirschen-, Hexenbaum, Altbaum, die Parscherbe oder der deutsche Drachenbaum (Prunus padus), welchen letzteren Namen er von der abergläubischen Einsammlung in Zweigen der Bauernweiber am Walpurgistage hat, die, um sich gegen die Zaubereien sicherzustellen, welche ihnen und ihrem Vieh außerdem das ganze Jahr über etwa begegnen könnten, ihn recht zu schätzen verstehen. Er wird von dem unwissenden Landmanne auch anderen, die sich

Prunus padus, *die Traubenkirsche, hat bis heute zahlreiche Namen. In Österreich heißt sie auch Elexsen, Ölasn oder Öxn.*

mehr zu wissen dünken, mit unter die Faulbäume gerechnet. Der Baum ist in Deutschland sehr einheimisch. Er kömmt dem wilden Kirschbaume sehr gleich und ist ein schöner, ansehnlicher hoher und unter unsern Laubbäumen einer der schönsten, der, laut der Erfahrung, wenn ihm seine Stammlohden ordentlich genommen werden, eine weit stärkere Dauer hat als die Kirschbäume selbst.

Der wilde Apfelbaum, Holzapfelbaum, Waldapfelbaum, Sauapfelbaum, Hermelting oder Holzstöckelingbaum, Buschapfel, Holzströmlingsbaum, Wildling (Pyrus malus sylvestris Linn.), welcher von selbst aus seinen eigenen, nicht aber von andern zahmen Apfelkernen entstanden, ist ein ansehnlicher, harter, dauerhafter Baum von einem öfters sehr unregelmäßigen Wachstume und struppigen Ansehen der Krone, welcher zu einem hohen Alter gelanget, übrigens aber eine geringere Höhe hat als der zahme Apfelbaum.

UNTEN *Zittern wie Espenlaub – die Wendung ist auf das lebhafte, raschelnde Geflirre zurückzuführen, in das* Populus tremula, *die Zitterpappel, beim leisesten Windhauch ausbricht.*

Die Aspe, Aspenbaum, Espe, Zitter-, Flitter-, Rattel-Pappel, Baber-, Beber-, Flitter-, Flatter- und Rattel-Esche, der Ratteler, Zitterbaum (Populus tremula Linn.). Sie bringen männliche und weibliche Blüten auf zwei voneinander ganz abgesonderten Pflanzen wie die Weiden.

Die männlichen Blüten sitzen auf ihrer eigenen Pflanze, in langen hangenden, lockeren, walzenförmigen, schuppigen Blumenzapfen beisammen. Unter jeder Schuppe, welche länglich und platt ist und einen zerkerbten Rand hat, ist nur eine einzige Blume befindlich.

Die weiblichen Blüten sitzen auf ihrer eigenen Pflanze in ebensolchen, dergestalt nach ähnlichen, lockeren schuppigen Blumenzapfen wie die männlichen, und mit den Schuppen hat es die gleiche Bewandtnis.

Der wilde Birnbaum, Holzbirnbaum, Knötelbaum, Saubirn, Feldbirnbaum, Geißbohnen- oder der recht kleine Holzbirnbaum, Krutschen (Pyrus sylvestris) gehöret unter das wilde Obst

oder unsere mittelmäßig großen masttragenden Waldbäume. Der wilde Birnbaum ist in aller Witterung und Lage gegen andere ganz außerordentlich dauerhaft und erreichet ein sehr hohes Alter. Seine Höhe und Größe ist mittelmäßig, die Dauer gegen den zahmen oder durch allerhand Künste sehr veränderten Birnbaum gar beträchtlich.

OBEN *Der kultivierte »zahme« Apfelbaum verlangt anders als sein wilder, struppiger Vetter regelmäßige Pflege. Gemälde von Olga Wisinger-Florian, 1906.*
UNTEN *Ebereschen erfreuen Mensch und Vogel im Herbst mit ihren leuchtend korallenroten Beerenbüscheln.*

Der Eibischbeerbaum oder Vogelsbeerbaum. Dieser Baum ist unter folgenden Namen bekannt: Ebscheerbaum, Ebritzbaum, Eibschbeerbaum, Eibrischbeerbaum, Abreschen-, Ebreschen-, Evereschen- oder Eberaschenbaum, Ewischbaum, Eschrösel, Hanreschbaum, Aressel, Garmischbaum, Quitschen, Quitschbeerbaum, Quitzeerbaum, Pillbeerbaum, Philbeerleinbaum, Qualster, wilder Sorben- oder Sperbeerbaum, Maßbeerbaum, Wielaisch, Linnbaum (Sorbus aucuparia Linn.).

So wenig die Spierling, Spier- oder Sporapfel in unsern Forsten wild gefunden werden, um desto häufiger wird dessen ähnliche Art, der Vogel-, Ebreschen- oder Quitschbeerbaum, bei uns in den Laubhölzern und in allerlei Gebüsch angetroffen.

JOHANN CHRISTOPH HEPPE

FRÜHE KNOSPEN AN EINEM BIRNBAUM

Ein Birnbaum von sehr früher Art
zeigt' allbereits im März die Knospen seiner Blüte.
Dies trächtige Gewächs, das noch so zart,
beschaut ich mit betrachtendem Gemüte
und ward mit reiner Lust erfüllt,
als ich nicht nur die zarte Zierlichkeit
der Knospen selbst, die Vollenkommenheit
der Blätter, die sie eingehüllt,
die kleinen Knoten mit fünf Spitzen,
worin die zarten Blumen sitzen,
samt ihren schlanken Stielen sahe.
Nein gar, wie jeden Teil ein zartes Pelzwerk schmückte
von weißen Zäserchen, vor Lust erstaunt, erblickte;
so dass mir dies mit Weiß gemischte Grün
durch einen geistigen Verstand
und mehr von unsichtbarer Hand
gebildet als gewachsen schien:
wodurch ich denn, gerührt von Gottes Macht und Liebe,
zu seiner Ehr und meinem Troste schriebe:
Du allmachtsvoller GOTT, der Du so wunderbar
in jeder Kreatur, in allen Deinen Werken,
Macht, Lieb und Weisheit lässest merken;
Der Du sogar
in weißem Samt, in reicher Seiden
die frühe Blüt des Birn-Baums pflegst zu kleiden,
um vor ihm drohenden Gefahren
des späten Frosts sie zu bewahren:
Ach, warum soll denn ich mit kindlichem Vertrauen
auf Deine Lieb und Vatertreu nicht bauen;
in fester Zuversicht, Du werdest hier im Leben
den Meinigen und mir leicht Kost und Kleider geben.

BARTHOLD HEINRICH BROCKES

GANZ LINKS *Ein blühender Birnbaum ist Ende April ein exquisiter Anblick; seine Blüten sind weiß mit roten Staubbeuteln und duften ein wenig streng.*
LINKS *Die Hainbuche gehört nicht zu den Buchen, sondern zu den Birken.*
UNTEN LINKS *Rote, gelbe und getupfte Früchte. Es gibt über 260 Birnensorten, angebaut werden in Deutschland nur etwa zwanzig.*

EINIGE BÄUME: HAGEBUCHE BIS MACHANDEL

Die Hage-Hainbuche, Heckebuche, Haubuche, Hachenbuche, Haimbuche, Steinbuche, Weißbuche, Zaunbuche, Zwergbuche (Carpinus betulus Linn.). Diese nutzbare Laubholzart hat den Namen einer Buche sehr uneigentlich. Sie ist so wenig eine Buche als eine andere Art von Rüstern, ob sie schon von den Alten bald mit den Linden und Ulmen, bald mit Ahorn und Eschen ganz ungegründet und, wie man gar wohl erraten kann, vom bloßen Hörensagen verwechselt worden ist.

Der Lärchenbaum (Pinus Larix), welcher auch Rotbaum und Schönbaum genennet wird, ist nebst der Tanne der ansehnlichste und schönste, auch zugleich der nützlichste. Die Schönheit des Baumes würde noch vorzüglicher sein, wenn er seine Nadeln nicht im Herbste fallen ließe.

OBEN *Misteln sind Halbschmarotzer und füllen als lockere Ballen die Baumkronen. Vögel nehmen die nackten Beeren gern zum Dessert.* UNTEN *Liguster steht im Verdacht, ein wenig bieder zu sein.*

Der Mistelstrauch (Viscum album, Linn.) ist ein niedriger, ausgebreiteter, kleiner Strauch, welcher sich an seinem gabelförmigen Wachstume, dergleichen die roten und weißen Korallenzinken zeigen, durch die Farbe und seinen außerordentlichen Stand, den er auf den Bäumen allein hat, niemals aber auf der Erde selbst nimmt, von den übrigen Holzarten genugsam unterscheidet. Er gereichet sowohl dem Pöbel als anderen, welche die natürlichen Schönheiten und Ursachen seiner besonderen Fortpflanzung nicht kennen und daher verachten, auch nicht wollen, zur Bewunderung.

Dieser Strauch allein ist ein großer Zeuge der stolzen Unwissenheit und der witzigen Dreistigkeit verschiedener Leute zuweilen gewesen, die, da sie sonst alles gröblich tadeln und andere überall belehren wollen, doch selbst nicht einmal von dem Wachstume und der Vermehrung der Holzarten und der Befruchtung bei so verschiedenen Samenarten durch die Blüte und deren Verschiedenheit im Auskeimen unterrichtet sind.

Der Pimpernüssleinsbaum (Staphylea pinnata Linn.). In dem südlichen Teile von Europa ist er einheimisch, kommt aber auch bei uns vor, erhält inzwischen keine beträchtliche Höhe und dienet mehr zur Zierde in den Gärten als zum Nutzen in den Waldungen, daher wir ihn also hier nur mit Wenigem anzeigen.

Die Rheinweide, Beinholz, Zaunriegel, Liguster (Ligustrum vulgare, Linn.) ist in einigen deutschen Ländern sehr gemein im Unterholze und häufig zu finden, in anderen ist sie einzelner und sparsamer unter dem Heckholze. Sie kann mit Mühe zu einem schwachen Bäumchen von vier, sechs bis acht Schuhen zwar gezogen und eine Zeit lang in solcher Gestalt erhalten werden, aber sie wird leicht und bald wieder ein natürlicher Strauch, woraus sie entstanden ist. In Hecken erlangt sie, wenn sie recht dichte und unter dem Schnitte gehalten wird, vorbesagte Höhe und muss alsdenn mit Stangen gegen die Stürme befestigt werden; doch aber wird sie davon leicht gebogen oder zerrissen, dass es nicht nur deshalben vornehmlich besser sein muss, sie in ganz niedrigen Hecken zu halten, die niemals zur Blüte kommen, sondern auch der spanischen Fliege halber in den Gärten. Dieses Ungeziefer frisset sie zur schönsten Jahreszeit ganz kahl ab und wird dabei durch seinen Gestank überaus beschwerlich.

UNTEN *Wenn sich die Spanische Fliege und anderes Ungeziefer beschwerlich machen: Handspritze zum Versprühen von Pestiziden aus einem viktorianischen Haushaltskatalog.*

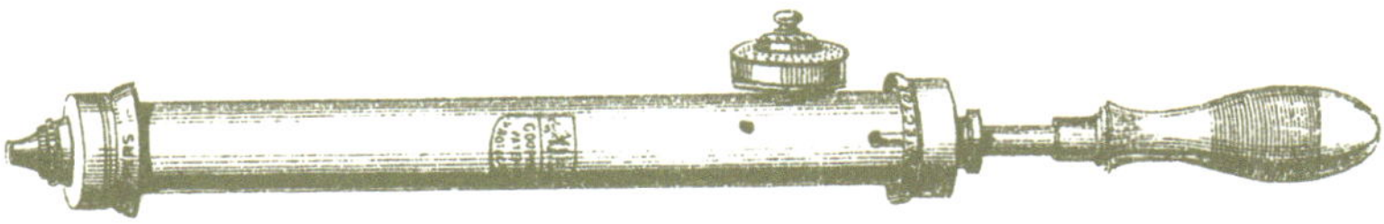

Der gemeine Wachholder, deutscher Wachholderstrauch und -baum, Wegholder, Weckholder, Reckholder, Rehbaum, Reckbaum, Rackholder Staude oder Baum, Machandel, Jachandel, Feuerbaum, Krametbaum oder -staude, Kramersbeerstaude, Kranewetbaum, Kraneweckenstrauch, Cronwit, Wegbaum, Kadig, Kanickbaum, Knickel, Kranzeritz, Kranzbeerstaude, Clupers, Feldzypress, Duyenstaude (Iuniperus Communis Linn. Spec. Plant II. 476) ist sowohl ein immergrüner Strauch als Baum, welcher unter die nadeltragenden Holzarten gehört.

JOHANN CHRISTOPH HEPPE

UNTEN *Hinter dem Machandelbaum aus dem Märchen verbirgt sich der Wacholder,* Juniperus communis. *Der Vogel, der in seinen Zweigen singt, verrät einen Kindermord.*

AN VOLLEN BÜSCHELZWEIGEN

An vollen Büschelzweigen,
Geliebte, sieh nur hin!
Lass dir die Früchte zeigen,
Umschalet stachlig grün.

Sie hängen längst geballet,
Still, unbekannt mit sich,
Ein Ast, der schaukelnd wallet,
Wiegt sie geduldiglich.

Doch immer reift von innen
Und schwillt der braune Kern,
Er möchte Luft gewinnen
Und säh' die Sonne gern.

Die Schale platzt, und nieder
Macht er sich freudig los;
So fallen meine Lieder
Gehäuft in deinen Schoß.

JOHANN WOLFGANG VON GOETHE

Versetzung größerer Bäume und ihre Gruppierung. Pflanzungen überhaupt

Das Versetzen alter Bäume.

Das erste Erfordernis einer Landschaft ist natürlich eine reiche Vegetation aller Pflanzen. Die schönste Form der Berge und Gewässer, aller Glanz der Sonne und des Himmels können bei nackten Felsen und öden Seen nicht die üppige, tausendfältig verschiedene Form des Baumschlags, das abgestufte, wohltuende Grün des reichen Laubes und der Wiesen ersetzen. Wohl dem daher, dessen Vorfahren ihm hohe Wälder und einzeln stehende uralte Eichen, Buchen und Linden, diese stolzen Riesen unsres Nordens, überlieferten, unangetastet von der mörderischen Axt. Er erblicke sie nie ohne Ehrfurcht und Freude und halte sie hoch wie seinen Augapfel, denn alles beinahe schafft Geld und Macht, aber kein Krösus und kein Alexander vermögen die tausendjährige Eiche in ihrer Majestät wiederherzustellen, wenn der arme Tagelöhner sie einmal gefällt hat. Nur zu wahr ist es: furchtbar und schnell ist die Macht des Menschen im Zerstören, schwach und gebrechlich im Aufbauen! Ein alter Baum sei dir, freundlicher Leser, der du die Natur mit frommer Liebe umfassest, ein hohes Heiligtum, dennoch aber weiche das Einzelne, wo es nottut, auch hier immer dem Ganzen.

Es kann zuweilen der, einzeln betrachtet, schönste Baum dem Zweck und der Harmonie der ganzen Anlage doch so entgegenstehen, dass man ihn opfern *muss*; diese Fälle sind aber gewiss höchst selten, und ich weiß leider aus eigner Erfahrung, dass eine kleine Veränderung des Plans oft schon hingereicht hätte, einen kostbaren Veteranen dieser Art zu schonen, dessen Verurteilung vorher unerlässlich schien. Jedenfalls überlege man es also *Jahr und Tag*, ehe man das Hinrichtungsbeil wirklich anlegen lässt. Manchem mag

OBEN *Um einen erwachsenen Baum zu versetzen, muss erst einmal ein enger Graben gezogen werden, damit er neue Wurzeln in der Nähe des Stamms bildet.*
LINKS OBEN *Goethe schrieb diese Ode an die Marone für den* West-östlichen Divan.
LINKS *Von schönem Wuchs ist die Edelkastanie* (Castanea sativa). *Ihre Früchte heißen Maroni oder Keschde.*

OBEN *Aus Hermann von Pückler-Muskaus* Andeutungen über Landschaftsgärtnerei *stammt die »seltsam geformte Eiche von 85 Fuß Höhe« im Park von Muskau. Der Fürst war Experte im Verpflanzen alter Bäume.*

die Wichtigkeit, die ich diesem Gegenstande beilege, vielleicht lächerlich erscheinen, ein echter Naturfreund wird mich aber verstehen und die Gewissensbisse würdigen, die mir noch jetzt ein halbes Dutzend Mal à propos gemordeter Bäume einflößen. Ich kann mich nur damit trösten, auf der entgegengesetzten Seite, auch wiederum nur der kühnen Wegnahme mehrerer andern so große Vorteile und Schönheiten zu verdanken zu haben, dass der Gewinn mit dem Verlust jetzt in keinen Vergleich mehr gesetzt werden kann.

Auch bleibt noch ein andrer Ausweg übrig, nämlich diese störenden Bäume, wenn sie nicht allzu kolossal sind, zu versetzen.

(...) Da indes diese Versetzungsweise immer sehr kostspielig bleibt und bei sehr großen Anlagen wohl nur mit Hauptexemplaren und zu vereinzelter Stellung Bestimmten vorzunehmen sein möchte, so komme man ihr wenigstens auch bei allen Übrigen nahe, indem man den zu versetzenden Bäumen von ihren Wurzeln und Kronen so viel als möglich und jedenfalls weit mehr lässt, als ehemals üblich war. Auch nehme man mehr auf ihren frühern Stand Rücksicht; denn einen schon älteren Baum z. B. aus einem Dickicht ins Freie zu verpflanzen, wie ich täglich von Gärtnern unternehmen sehe, kann nie gelingen. Grade die glatte, glänzende Rinde und der schlanke Wuchs, die ihm der Schatten und die geschützte Stellung gegeben, verraten ihn als ein unbrauchbares Subjekt, während oft die knorpligste, unansehnlichste Außenseite, als Zeichen eines in Sonne und Wetter abgehärteten Stammes, sein Fortkommen im Voraus versichert. Mit ganz jungen Pflanzen verhält es sich anders. (...) So wird z. B. eine vierjährige Pflanze ihre Pfahlwurzel nicht ohne Schaden verlieren, ein alter Baum hingegen vermisst sie nicht.

(...) Weit wichtiger ist es dagegen, für die zu verpflanzenden Bäume immer die ihnen zusagende Bodenart zu wählen oder solche, wo sie nicht von Natur vorhanden ist, künstlich zu schaffen und vor allen Dingen sie nie in schlechteren als ihren bisherigen Boden zu verpflanzen. (...) Wer aber, wie ich es oft sah, Linden in schweren Lehm, Kastanien in Mergel, Buchen in Torferde, Platanen in Flugsand pflanzen will, der hat es sich nur selbst zuzuschreiben, wenn er, statt Bäume zu erhalten, nichts als Krüppel erzieht.

HERMANN FÜRST VON PÜCKLER-MUSKAU

OBEN *Leidenschaftlicher Gartengestalter und Reisender, brillanter Schriftsteller, großer Verschwender, liebender Gatte und verhinderter Heiratsschwindler: Hermann Ludwig Heinrich Fürst von Pückler-Muskau. Stahlstich von A. Hüssener, 1837.*

HEILIGE HALLEN

Bei Lüttenhagen in Mecklenburg-Vorpommern liegt Deutschlands ältester Buchenwald, den Großherzog Georg von Mecklenburg-Strelitz vor 150 Jahren die Heiligen Hallen taufte. Hier kennt man die Kettensäge nicht. Die Buchen waren klein, als der Dreißigjährige Krieg begann; sie waren groß, kathedralenschlank und bildeten ein fünfzig Meter hohes grünes Kuppeldach, als der Großherzog sie bedichtete. Jetzt geht es mit ihnen langsam zu Ende.

Als Herr der Bäume stellte Georg von Mecklenburg-Strelitz seine alten Buchen »für alle Zeiten unter Schutz«, und erstaunlicherweise hat das Wort eines ebenso romantischen wie reaktionären Fürsten die Jahre und verschiedene Systeme überdauert. Bis 1950 wurden die toten Bäume und herabgefallenen Äste noch weggeräumt. Seitdem lässt man alles stehen und liegen. Die Heiligen

Hallen dürfen nicht mehr betreten und nur noch vom Rand aus betrachtet werden: keine Buchen-Kathedrale mehr, sondern ein ergreifendes ruinöses Naturdenkmal. Tote Stümpfe ragen neben glatten silbergrauen und rissigen dunklen alten Stämmen auf. Doch ist ein Greis gefallen, strebt jugendliches Grün zum Licht.

ELSEMARIE MALETZKE

BEI DER ERINNERUNG DES BUCHENWALDES BEI LÜTTENHAGEN

Unter meinen alten Buchen,
Die wie Himmelssäulen stehn,
Möcht ich dich, o Ruhe, suchen,
Möcht den Himmel wiedersehn,
Wie er durch die dunklen Äste
Zwiefach schön und hehr erscheint,
Dann seh ich gewiss das Beste,
Erd und Himmel eng vereint.

Wenn des Mittags glüh'nde Schwüle
Alles lähmt und schier verdorrt,
Fächelt balsamreiche Kühle
Hier noch unverändert fort.
Nur die Wipfel säumt die Sonne,
Bildet gold'ne Sterne dort,
Schönes Spiel, das ich mit Wonne
Seh vom schattenreichen Ort.

Dies Gewölbe mir ersetzen
Kann nicht Mailands hoher Dom,
Ja, so spricht zu meinem Herzen
Selbst St. Peter nicht zu Rom.
Nichts Vollkommnes kann entspringen
Aus der Sterblichen Verstand,
Dir, Natur, kann's nur gelingen,
Denn in dir schafft Gottes Hand.

GROSSHERZOG GEORG VON MECKLENBURG-STRELITZ

DIE PAPPELN

Ich war heut drauß bei der Großmama, sie war allein, den ganzen Nachmittag, und wir sprachen erst von Dir, die Großmama war einen Augenblick beschäftigt, so lief ich in den Garten, um ihn nach langer Zeit wiederzusehen, aber wie war ich da erschrocken, wie ich auf die Hoftreppe kam, ich erkannt den Garten nicht wieder; denke! – Die hohe schwankende Pappelwand, die himmelansteigenden Treppen, die ich alle wie oft hinangestiegen bin, um der Sonne nachzusehen, um die Gewitter zu begrüßen, durchgeschnitten! – Zwei Drittel davon in grader Linie abgesägt! – Ich wusste nicht, wie mir geschah, und alles will ich gern begreifen und lernen, was soll mir das schaden, aber diese Pappeln, die Zeugen meiner frühsten Spielstunden, die mich als Kind von drei Jahren mit ihren Blüten beregneten, in die ich hinaufstaunte,

OBEN *Der Mensch leidet mit den Bäumen. Bettina von Arnim will den Garten nicht mehr betreten, in dem ihre geliebten Pappeln abgeholzt wurden. Friedrich Nerly malte die* Berankte Pappel *1835.*
LINKS *Eine Himmelssäule von Baum und darunter ein kleiner Mensch.* Bauer und Baum *von Théophile Alexandre Steinlen, um 1900.*

als ob ihre Höhe in den Himmel reiche. Ach was soll ich dazu sagen, dass die als Stumpfe mit wenig Ästen noch versehen nebeneinander stehen, gemeinsamen Schimpf und Leid tragend. Ach ihr Baumseelen, wer konnte euch das tun? – Nun ziehen alle frühen Kindheitsmorgen an mir vorüber, wo ich ihre Wipfel von weitem im Gold glänzen sah, und dass sie mir winkten, ich soll mich eilen und kommen, und wie hab ich oft ihre jungen Blättchen betrachtet und keins abgebrochen je! – Ach, es schneidet mir ins Herz – es war, als könnten sie nicht mehr sprechen, als sei ihnen die Zunge genommen; denn sie können ja nicht mehr rauschen. So war ihr Stummsein eine bittere Klage zu mir, die ich ewig mit mir herumtragen werde und keinem sagen als nur Dir. Du weißt, wie oft Du sagtest, wenn wir da gingen, dass ihr Rauschen mitspreche, und wie sie uns absonderten von der ganzen Welt, und wie sie einen Dom über uns bauten, und gegenüber die hohe Rosenhecke, die über die Wand vom Boskett hereinschwankte, die steht jetzt auch ohne Schutz, und die Nachtigallen, die das heilige Dunkel gewohnt waren, wie wird's da sein, wenn die im Frühjahr wiederkommen! – Ach, ich bin betrübt darüber. – Die Kindertage, wo ich dort mit dem reinlichen Kies spielte und mit rosenfarbnen Steinchen und schwarzen und gelben bunte Reihen um ihre Stämme legte! – Und konnte so versteckt hinüberklettern ins Boskett, wie kann einem doch das Paradies, wo die Seele all ihren Zauber einpflanzt, so jämmerlich zerstört werden? – Aber bedaure Du mich nur nicht; denn hör nur, – als ich zurückkam zur Großmutter – sah ich blass und zerstört aus, und sie sah wohl die Spuren von meinen Tränen. – Sie sah

OBEN *Ein Mann geht seiner rechtschaffenen harten Arbeit nach, und doch möchte man ihm nicht im Dunkeln begegnen. Radierung von Johann Wilhelm Meil:* Ein Holzfäller mit einer Axt über der Schulter. RECHTS *Über Standsicherheit und herabfallende Äste hat man sich vor zweihundert Jahren nicht so viele Gedanken gemacht.* Alte Ulme im Prater *von Ferdinand Georg Waldmüller, 1831.*

mich an ein Weilchen – und sagte: »Du warst im Garten?« – Da reichte sie mir die Hand. – Was sollt ich sagen? – Ich schwieg und sie auch. – Sie sagte: »Ich werd wohl nicht mehr lang leben!« – Ich wagte nichts zu sagen – aber bald darauf machte sie das Nebenzimmer auf, von wo man nach dem Garten sieht, und sagte: »Das Rauschen im Abendwind war meine Freude, ich werd's nicht mehr wieder hören, ich hätt's mir lassen gefallen, wenn ich unter ihrem Rauschen am letzten Abend wär eingeschlafen! Sie hätten mir diesen feierlichen Dienst geleistet, die lieben Freunde, die ich jeden Tag besuchte, die ich mit großer Freude hoch über mir sah; – du hast sie auch geliebt, es war dein liebster Aufenthalt – ich hab dich oft vom Fenster sehen in ihrem Wipfel abends steigen, und glaubtest, es säh es niemand – nimm meinen Segen, liebes Kind, ich hab an Dich gedacht, wie man sie trotz der schmerzlichen Verletzung meiner Gefühle verstümmelte.« – Ich wagte nicht zu fragen, wer die Schuld trüge; denn das wär zu kränkend für die Großmama gewesen, und ich wusste auch gleich, dass nur aus grausenhaftem Philistersinn solche Untat geschehen konnt; denn der ahnt nicht die tiefsten Wunden, der hält alles für Empfindelei, was mit den geheimsten geistigen Bedürfnissen zusammenhängt; – wie könnte der eine wahrhafte Liebe denken zu einem leblosen Ding; denn so nennt der Philister die Pflanzen, die Bäume, die ganze Natur, – wie könnte der ahnen, dass ein höchst geistiger Umgang mit ihren schönen untadeligen Erzeugnissen stattfinden

könne? – Ein Wechseltausch von Empfindungen, der eine reine Leidenschaft zu ihr nährt und beglückt, – wie könnte dem je begreiflich werden, dass ein innerliches Dasein sich in sie überträgt und dass, während die ganze Welt vergeblich unter Mitgeschöpfen herumschwärmt, von Liebe, von Freundschaft faselt, der beglückte Besitzer eines Baumes, der vor seiner Tür steht, in ihm den Freund gefunden hat. –

Die alte hundertjährige Bas kam mir vor der Tür auch damit entgegen: »Ist's nicht barbarisch? – Und dass die Großmama stillschweigt dazu, – wärst du nur hier gewesen, es wär nicht geschehen.« –

Ich bin noch einmal in den Garten gegangen, wie es dunkel war; denn am Tag hingehen schien mir beleidigend für die edlen Bäume; – ich hab Abschied genommen vom Garten, ich mag nicht wieder hineingehen. –

BETTINA VON ARNIM
in einem Brief an die Günderode

RECHTS *Sie grünt.* Die hohle Eiche bei Willinghausen *von Ludwig Emil Grimm, 1824.*
GANZ RECHTS OBEN *Künstler wurden von ehrwürdigen Bäumen schon immer angezogen. Wenn diese Dorf- oder Gerichtslinden waren, standen ihre Chancen gut, wohlbehütet alt zu werden. Wenn sie dem Verkehr im Wege waren, haben sie bis heute ein schlechtes Blatt. Heinrich Wilhelm Trübner malte diese ungestörten* Buchen bei Bernried *1871.*

BLÄTTERFALL

Der Herbstwald raschelt um mich her …
Ein unabsehbar' Blättermeer
entperlt dem Netz der Zweige.
Du aber, dessen schweres Herz
mitklagen will den großen Schmerz –
sei stark, sei stark und schweige!

Du lerne lächeln, wenn das Laub,
dem leichten Wind ein leichter Raub,
hinabschwankt und verschwindet.
Du weißt, dass just Vergänglichkeit
das Schwert, womit der Geist der Zeit
sich selber überwindet.

CHRISTIAN MORGENSTERN

5. KAPITEL

Willkommen und unerwünscht

»Herr Foerster, was machen Sie gegen Wühlmäuse?«
»Wir schimpfen.«
KARL FOERSTER

IM VORAUS

Die Natur kennt keine Irrtümer. Die Blattlaus hat darin ihren Platz ebenso wie das Purpurglöckchen, der Rittersporn und die Eisbegonie. Nein, nicht die Eisbegonie. Sie mag ein Geschöpf Gottes sein, aber Menschenwitz hat aus ihr eine florale Wasserleiche gemacht, und sie kommt mir nicht in den Garten. Es gibt keine hässlichen Pflanzen, nur schlecht platzierte, belehrte mich einmal eine englische Gartenarchitektin. Trotzdem: keine Eisbegonien, nirgends! Auch kein Kirschlorbeer, keine Leyland-Zypressen, keine Korkenzieherhasel. Pampasgras finde ich entbehrlich. Heidekraut? Nicht auf meinem Grab!

LINKS *Blendendes Licht fällt in den ummauerten Küchengarten und scheint die Konturen aufzulösen. Eine Gladiole setzt als flammender Speer einen Akzent. Aquarell von Carl Larsson, 1883.*

Gärtner dürfen unchristlich, parteiisch und radikal sein. Es gibt Pflanzen, die sie ergötzen, und solche, die sie verachten. So wie ihnen auch die erstaunlichsten Tiere willkommen sind: die Florfliege, nach ihrem löblichen Appetit Blattlauslöwe genannt, oder die Erdkröte, die sich stoisch durch ganze Schneckenvölker mampft. Andere Tiere, die sich sonst einer gewissen Popularität erfreuen, sind im Garten hingegen nicht zu gebrauchen. Hunde kennen nur den Weg durch die Mitte. Katzen haben wenig Sinn für Neueinsaaten. Ich erinnere mich auch an ein Zwergkaninchen, das geduldig wartete, bis der Phlox durch den schützenden Drahtverhau gewachsen war, um zierlich Männchen vor ihm zu machen und seine Blüte mit einem einzigen Schraps zu köpfen.

Dennoch sollten im Zusammenspiel von Mensch und Tier gewisse Formen gewahrt bleiben. Kultur kommt schließlich vom Kultivieren des Gartens. In einem Pflanzenkatalog, der die Blütenpracht seiner abgebildeten Rosenhecken weniger den Wundern der Natur als der Software von Photoshop verdankte, sah ich eine »Verpiss-dich-Pflanze« (*Coleus-canina*-Hybride) angezeigt,

OBEN *Violette Lippenblüten trägt* Coleus canina *im Frühsommer. Ihr Mentholgeruch ist für Menschen kaum wahrnehmbar, irritiert aber die empfindlichen Nasen von Hunden, Katzen und Kaninchen.*
RECHTS *Was frisst denn da? In ihrem Raupenbuch porträtierte Maria Sibylla Merian 1679 mit feinem Strich die blaue Garteniris und ihre unwillkommenen Gäste.*

eine südamerikanische Buntnesselart, die angeblich Hunde, Katzen, Kaninchen und Marder vertreibt. Ich finde, das gehört sich nicht. Man kann Schädlinge fangen oder überlisten, vergiften, vergrämen oder sie in seinen Dienst pressen, indem man etwa ein Schneckengefängnis baut, wo die Schleimer ihren Kot als Dünger abliefern, doch man sollte einer unschuldigen Buntnessel nicht einen so schimpflichen Namen geben.

Und eines geht gar nicht: die Pflanzen anderer Gärtner beleidigen. Man könnte ebenso gut ihre Kinder ohrfeigen. Über Geschmack lässt sich nicht streiten, und der Mensch liebt Verschiedenes – obwohl der Natur wahrhaftig etliche Blumen besser geglückt sind als beispielsweise die Eisbegonie.

ELSEMARIE MALETZKE

LINKS *Der Kuckuck, Frühlingsbote und Brutpflege-Verweigerer. Die Frage, zu welcher Spezies er zählt, erörtern die beiden Freizeit-Ornithologen und Schluckspechte Goethe und Eckermann bei einer Flasche Wein.*

DER KUCKUCK

Wir aßen unsern Fisch im Freien und blieben sodann noch bei einer Flasche Wein sitzen und hatten allerlei gute Unterhaltung. (...)

»Soviel ich weiß«, sagte Goethe, »klassifiziert man den Kuckuck zu den Spechten.«

»Man tut so mitunter«, erwiderte ich, »wahrscheinlich aus dem Grunde, weil zwei Zehen seiner schwachen Füße eine Richtung nach hinten haben. Ich möchte ihn aber nicht dahin stellen. Er hat für die Lebensart der Spechte so wenig den starken Schnabel, der fähig wäre, irgendeine abgestorbene Baumrinde zu brechen, als die scharfen, sehr starken Schwanzfedern, die geeig-

OBEN *Unscheinbar von Gestalt, herrlich an Stimme. Wer die Nachtigall, die Primadonna unter den Singvögeln, in seinen Garten locken kann, darf sich glücklich schätzen.*

net wären, ihn bei einer solchen Operation zu stützen. Auch fehlen seinen Zehen die zum Anhalten nötigen scharfen Krallen, und ich halte daher seine kleinen Füße nicht für wirkliche Kletterfüße, sondern nur für scheinbare.«

»Die Herren Ornithologen«, versetzte Goethe, »sind wahrscheinlich froh, wenn sie irgendeinen eigentümlichen Vogel nur einigermaßen schicklich untergebracht haben, wogegen aber die Natur ihr freies Spiel treibt und sich um die von beschränkten Menschen gemachten Fächer wenig kümmert.«

»So wird die Nachtigall«, fuhr ich fort, »zu den Grasmücken gezählt, während sie in der Energie ihres Naturells, ihren Bewegungen und in ihrer Lebensweise weit mehr Ähnlichkeit mit den Drosseln hat. Aber auch zu den Drosseln möchte ich sie nicht zählen. Sie ist ein Vogel, der zwischen beiden steht, ein Vogel für sich, so wie auch der Kuckuck ein Vogel für sich ist, mit so scharf ausgesprochener Individualität wie einer.«

»Alles, was ich über den Kuckuck gehört habe«, sagte Goethe, »gibt mir für diesen merkwürdigen Vogel ein großes Interesse. Er ist eine höchst problematische Natur, ein offenbares Geheimnis, das aber nichtsdestoweniger schwer zu lösen, weil es so offenbar ist.«

JOHANN PETER ECKERMANN

SCHNECKEN-EROTIK

Wenn Sie eine wirklich exotische tierische Romanze sehen wollen, müssen Sie nicht im tropischen Dschungel suchen. Gehen Sie einfach in Ihren Garten, und belauern Sie dort eine Gemeine Wegschnecke. Dabei stoßen Sie auf eine Situation, die so verwickelt ist wie die Handlung eines modernen Romans, denn Schnecken sind Hermaphroditen, das heißt, jede/r kann sowohl die männliche wie die weibliche Seite der Werbung und Vereinigung genießen. Doch neben der Zweigeschlechtlichkeit hat die Schnecke noch eine erstaunlichere körperliche Eigenschaft in petto, nämlich einen kleinen sackartigen Behälter, in dem ein winziger blattförmiger Splitter aus Kalziumkarbonat steckt, der sogenannte Liebespfeil.

OBEN *Weg- und Nacktschnecken gehören zu des Gärtners niederträchtigsten Feinden. Ihr Appetit ist gewissenlos, ihre Gefräßigkeit erschreckend; allein ihr Liebesspiel vermag zu bezaubern.*

Wenn also zwei Schnecken, die, wie ich schon sagte, männlich und weiblich sind, Seite an Seite daherkriechen, veranstalten sie ein über die Maßen kurioses Liebesspiel. Sie fangen an, sich gegenseitig mit ihren Liebespfeilen zu stechen, die tief eindringen und sich schnell im Körper auflösen. Offenbar ist dieses sonderbare Duell nicht so schmerzhaft, wie es aussieht;

tatsächlich scheint der penetrierende Pfeil auf die Schnecke einen angenehmen Eindruck zu machen; vielleicht wie ein exotischer Kitzel. Aber wie auch immer, beide widmen sich daraufhin mit Enthusiasmus dem ernsten Geschäft der Fortpflanzung.

Ich bin kein Gärtner, aber wäre ich einer, hätte ich wahrscheinlich eine Schwäche für alle Arten von Schnecken, sogar wenn sie meine Pflanzen fräßen. Eine Kreatur, die ohne Cupido zurechtkommt, die ihren eigenen Köcher voller Pfeile mit sich trägt, wiegt in meinen Augen jede Menge langweiliger, unerotischer Kohlköpfe auf. Es ist eine Ehre, sie im Garten zu haben.

GERALD DURRELL

DER MAULWURF

Unter allen Tieren, die ihre Jungen säugen, ist der Maulwurf das einzige, das seiner Nahrung allein in dunkeln Gängen unter der Erde nachgeht.

Und an dem einen ist's zu viel, wird mancher sagen, der an seine Felder und Wiesen denkt, wie sie mit Maulwurfshügeln bedeckt sind, wie der Boden zerwühlt und durchlöchert wird, wie die Gewächse oben absterben, wenn das heimtückische Tier unten an den Wurzeln weidet.

Nun, so wollen wir denn Gericht halten über den Missetäter.

Wahr ist es und nicht zu leugnen, dass er durch seine unterirdischen Gänge hin und wieder den Boden durchwühlt und ihm etwas von seiner Festigkeit raubt.

Wahr ist es ferner, dass durch die herausgestoßenen Grundhaufen viel fruchtbares Land bedeckt und die darunter liegenden Keime im Wachstum gehindert, ja erstickt werden können. Dafür ist jedoch in einer fleißigen Hand der Rechen gut.

Aber wer hat's gesehen, dass der Maulwurf die Wurzeln abfrisst? Wer kann's behaupten?

Nun, man sagt so: Wo die Wurzeln abgenagt sind und die Pflanzen sterben, wird man auch Maulwürfe finden; und wo keine Maulwürfe sind, geschieht das auch nicht. Folglich tut's der Maulwurf. – Der das sagt, ist vermutlich der nämliche, der einmal so behauptet hat: Wenn im Frühlinge die Frösche zeitlich quaken, so schlägt auch das Laub beizeiten aus. Wenn aber die Frösche lange nicht quaken wollen, so will auch das Laub nicht kommen. Folglich quaken die Frösche das Laub heraus. – Seht doch, wie man sich irren kann!

Aber da kommt ein Advokat des Maulwurfs, ein erfahrener Landwirt und Naturbeobachter, der sagt so:

»Nicht der Maulwurf frisst die Wurzeln ab, sondern die Quadten oder die Engerlinge, die unter der Erde sind, aus welchen hernach die Maikäfer und anderes Ungeziefer kommen. Der Maulwurf aber frisst die Quadten und reinigt den Boden von diesen Feinden.«

Jetzt wird es also begreiflich, dass der Maulwurf immer da ist, wo das Gras und die Pflanzen krank sind und absterben, weil die Quadten da sind, denen er nachgeht und die er verfolgt. Und dann muss er's getan haben, was diese anstellen, und bekommt für eine Wohltat, die er euch erweisen will, des Henkers Dank.

Das hat wieder einer in der Stube erfunden oder aus Büchern gelernt, werdet ihr sagen, der noch keinen Maulwurf gesehen hat.

Halt, guter Freund! Der das sagt, kennt den Maulwurf besser als ihr alle und eure besten Schermäuser, wie ihr sogleich sehen werdet. Denn ihr könnt zweierlei Proben anstellen, ob er die Wahrheit sagt.

LINKS UNTEN *Gartenwalze zum Plätten von unebenem Gelände und frisch eingesätem Rasen. Aus einem viktorianischen Haushaltskatalog.*
UNTEN *Engerling und Maulwurf. Bis auf seine Angewohnheit, Haufen aufzuwerfen, ist das kleine Raubtier ein schätzenswerter Helfer im Garten.*

RECHTS *Bevor Rasen – ab 1830 – maschinell getrimmt werden konnte, mussten Sensenmänner das Gras kurz halten. Man konnte natürlich auch Schafe im Park weiden lassen. Die Eleganz eines englischen Rasens boten allerdings nur makellose grüne Flächen ohne Gänseblümchen, Wegerich und Löwenzahn.*

Erstlich, wenn ihr dem Maulwurf in den Mund schaut. Denn alle vierfüßigen oder Säugetiere, welche die Natur zum Nagen am Pflanzenwerk bestellt hat, haben in jeder Kinnlade, oben und unten, nur zwei einzige, und zwar scharfe Vorderzähne und gar keine Eckzähne, sondern eine Lücke bis zu den Stockzähnen. Alle Raubtiere aber, welche andere Tiere fangen und fressen, haben sechs und mehr spitzige Vorderzähne, dann Eckzähne auf beiden Seiten und hinter diesen zahlreiche Stockzähne. Wenn ihr nun das Gebiss eines Maulwurfs betrachtet, so werdet ihr finden: Er hat in der obern Kinnlade sechs und in der untern acht spitzige Vorderzähne und hinter denselben Eckzähne auf allen vier Seiten, und daraus folgt: Er ist kein Tier, das an Pflanzen nagt, sondern ein kleines Raubtier, das andere Tiere frisst.

Zweitens, wenn ihr einem getöteten Maulwurf den Bauch aufschneidet und in den Magen schaut. Denn was er frisst, muss er im Magen haben, und was er im Magen hat, muss er gefressen haben. Nun werdet ihr, wenn ihr die Probe machen wollt, nie Wurzelfasern oder so etwas in dem Magen des Maulwurfs finden, aber immer die Häute von Engerlingen, Regenwürmern und anderm Ungeziefer, das unter der Erde lebt.

Wie sieht's jetzt aus?

Wenn ihr also den Maulwurf recht fleißig verfolgt und mit Stumpf und Stiel vertilgen wollt, so tut ihr euch selbst den größten Schaden und den Engerlingen den größten Gefallen. Da können sie alsdann ohne Gefahr eure Wiesen und Felder verwüsten, wachsen und gedeihen, und im Frühjahr kommt alsdann der Maikäfer, frisst euch die Bäume kahl wie Besenreis und bringt euch zur Vergeltung auch des Kuckucks Dank und Lohn.

So sieht's aus.

JOHANN PETER HEBEL

SCHÄDLICHE TIERE, DEREN ABHALTUNG UND VERTILGUNG

Wie zu allem in der Gärtnerei, so gehört auch, wie es jedem Gartenfreund bekannt ist, insbesondere zur Vertilgung der schädlichen Tiere und Insekten große Geduld und Ausdauer, ohne welche alle Mittel erfolglos bleiben werden. (...)

Unter der Erdoberfläche richtet an manchen Orten die *Maulwurfsgrille* (Werre) starke Verheerungen an; nicht nur, dass dieses hässliche vier bis fünf Zentimeter lange, braune, kurzgeflügelte Insekt mit seinen zwei breiten, vorne gefingerten Füßen, ähnlich dem Maulwurf, die Erde durchwühlt und die Pflanzen lockert, sondern frisst auch, namentlich von frisch gepflanzten Setzlingen, die Wurzeln ab, so dass sie zugrunde gehen müssen. Wird man ihrer gewahr, so versäume man nicht mit der Vertilgung, wofür es an erprobten Mitteln nicht fehlt. Im Herbst vor dem Einfrieren grabe man an Stellen, wo viele Werrengänge bemerkbar sind, frischen, strohigen Pferdedünger in dreißig bis sechzig Zentimeter starken Lagen ein und bedecke denselben mit Brettern. Die Maulwurfsgrillen ziehen sich vom ganzen Garten her in diesen warmen Dünger und können auf diese Weise gegen das Frühjahr vor dem völligen Auftauen in großer Menge – am einfachsten

UNTEN *Nützling Igel auf der Pirsch. Wer ihn im Garten hat, kann auf drastische Maßnahmen zur Schädlingsbekämpfung verzichten. Der Igel putzt Werren und Schnecken weg.*

OBEN *Als 1922 die Anleitung* Schädliche Tiere, deren Abhaltung und Vertilgung *erschien, war der solarbetriebene Mäuseschreck noch nicht erfunden. Gegen die Maulwurfsgrille halfen Feuer und Öl.*

samt dem Stroh verbrannt – vertilgt werden. Im Sommer kann man sich ihrer entledigen, wenn man ihren Gängen, welche unter der Erdoberfläche hinlaufen und leicht zu erkennen sind, mit dem Finger nachspürt, bis ein solcher senkrecht hinabgeht und sich in die Erde verliert. Man drücke dort den Rand des Loches fest, stecke ein großes Blatt oder Papier in Form eines Trichters hinein und gieße sofort erst einen Löffel voll Erdöl und dann so lange Wasser hinunter, bis die Höhle nichts mehr einschluckt. Bald wird die Werre mit Öl überzogen zum Vorschein kommen und nach kurzer Zeit sterben; oder man gräbt das bis zu zehn Zentimeter unter der Erdoberfläche mit zweihundert Eiern befindliche Nest behutsam aus, wozu die zweite Hälfte des Juni die geeignetste Zeit ist. Beim Graben der Beete im Sommer stößt man nicht selten auf die kugelförmige Höhlungen bildenden Werrennester, welche, eine Menge von Eiern und Jungen beherbergend, leicht zu vertilgen sind. Die Werre legt jährlich drei- bis vierhundert Eier und würde die Vermehrung eine enorme sein, wenn sie nicht den größten Teil ihrer Jungen selbst auffräße; außerdem ist ihr ärgster Feind der Maulwurf, der sie überall aufsucht und begierig verzehrt, auch die Marder, Wiesel, Igel, Krähen, Dohlen, Wiedehopfe usw. stellen ihnen sehr eifrig nach. (…)

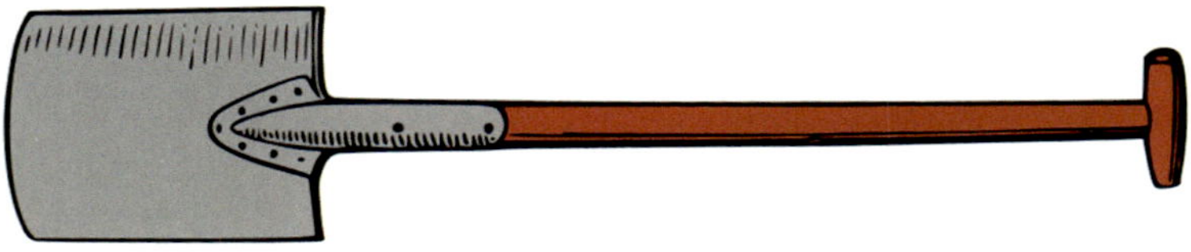

Für die *Nacktschnecken* ist eins der einfachsten Vertilgungsmittel, alte Brettstücken etwas hohlliegend aufzustellen; unter diesen setzen sie sich während der Nacht fest, frühmorgens streicht man sie ab und füttert sie den Hühnern oder tötet sie auf andere Weise. Das Streuen frisch gebrannten pulverisierten Kalkes zwischen die Pflanzenreihen ist ebenfalls ein wirksames Mittel. Holzasche, welche durch ihren Gehalt an Kali, Kalk, Gips, Talkerde und Phosphorsäure ohnedies ein sehr wertvoller Dünger ist, im Herbst mit unterzugraben, trägt ebenfalls zum Fernhalten der Schnecken bei. (...)

Gegen die *Wühlmaus*, *Schermaus* und *Erdratte* ist eins der bewährtesten Mittel, mit Arsenik oder Strychnin vergiftete Sellerieknollen oder kleine Möhrchen in die Gänge der Mäuse zu legen. Um das ausgelegte Gift gegen Feuchtigkeit, wodurch es bald unwirksam wird, zu schützen, legt man es in 15 bis zwanzig Zentimeter lange Röhren, zum Beispiel an beiden Seiten offene alte blecherne Konservebüchsen, oder man höhlt eine Möhre mit einem Bohrer aus, streut etwas Arsenik hinein, verstopft dieselbe mit einem Stückchen Rübe und legt sie in einen Gang.

OBEN *Man kann Nacktschnecken vergiften oder in einer Art Gefängnis dazu nötigen, ihren Kot als Dünger abzuliefern. Man kann sie aber auch einfach an die Hühner verfüttern. Gustav Klimt:* Gartenweg mit Hühnern, *1916.*

JOHANNES WESSELHÖFT

EIN ANTRAG

Schau an dies Gi-Ga-Gartentier,
Herr Gott, sag selbst: gefällt es Dir?
Ist's wie es ist Dein Wille?
Wir reden hier von dem Insekt,
das tief im Gartenboden steckt –
da steckt die Maulwurfsgrille.

Auch die Maulwurfsgrille oder Werre hat ihren Platz in der Schöpfung, so lästig, hässlich, gefräßig und überaus fruchtbar sie auch sein mag. Zeichnung von F. W. Bernstein, 2007.

An sich ist sie ja ziemlich klein,
kleinfingerlange Gartenpein,
doch riesenhaft gefräßig.
Noch größer als die Hässlichkeit
ist doch ihre Gefräßigkeit.
Ihre Moral ist mäßig.

Sie frisst sehr viel – ja, mehr als das:
Ihr ganzes Tun ist nichts als Fraß!
Du kennst schon die Beschwerden?
Herr Gott: mein Antrag – bitte lies:
Nimm sie zu Dir ins Paradies!
Du wirst dann selber sehen, wie's
schöner wird auf Erden.

F. W. BERNSTEIN

LÖWEN IM GARTEN

Die mimischen Möglichkeiten der Löwenmäulchen sind beschränkt. Sie können nur gähnen.

Löwen gehören zu den willkommenen Erscheinungen im Garten. Als *Antirrhinum majus*, das Löwenmäulchen, aus der Familie der Rachenblütler öffnen sie nach einem Griff hinter den Schlund die samtigen Lippen. Leider sind ihre mimischen Möglichkeiten damit erschöpft. Anders die steinerne Gestalt. Ihr Ausdruck reicht von der tief empfundenen Entrüstung (»Was machen Sie denn hier?!«) eines Löwen im italienischen Garten von Portmeirion in Wales über die winselnde Verzagtheit eines mopsartigen Tiers im Park von Berkeley Castle im englischen Gloucestershire, wo es furchtbar spuken soll, bis zum grimmigen Wächter vor einem chinesischen Teehaus auf der Garteninsel Garinish im Südwesten von Irland. Löwen dienten Schlossherren als heraldische Symbole und Zeichen der Macht, auch wenn sie anscheinend selbst nicht daran glaubten und aus ihren Mienen eher Melancholie als Mut spricht. Ihre schlaffen Tatzen ruhen auf verwitterten Schilden,

Löwen zu Füßen steinerner Treppen in Parks und Gärten dienten Schlossherren früher als heraldische Symbole und Zeichen der Macht, in neuerer Zeit auch zur Erheiterung. Ein Löwe zwischen Rosen und Rhododendron verliert seinen Schrecken, und dem grollenden Tier vor dem chinesischen Teepavillon auf Garinish Island in Irland hüpfen die Rotkehlchen auf dem Kopf herum.

ihre Kinnladen umschließen Brunnenrohre, auf ihren Köpfen hüpfen die Vögel herum, und in ihren aufgerissenen Mäulern steckt nichts als Löwenzahn.

ELSEMARIE MALETZKE

DIE GELBE FARBE IM BLUMENREICHE

Um die grüne Farbe lässt sich nicht rechten, sie ist Naturgesetz, sie tut dem Auge aller Wesen wohl, nützt dem Menschen, und wir könnten uns die Erde frei von jeder grünen Vegetation gar nicht mehr vorstellen. Ganz anders verhält es sich mit den anderen Farben. Man streitet zum Beispiel darum, welche die schönste Farbe der Blumen sei, und kommt fast immer wenigstens zu dem einen Resultate, dass Gelb die am wenigsten begehrte oder gerühmte sei.

OBEN *In Gelb- und Orangetönen glüht sanft dieser Teil einer herbstlichen Rabatte, als lege sich im Vergehen noch einmal eine Wolke von Blütenstaub über den Garten.* A Bit of Autumn Border *von Helen Allingham.*

Das scheint aber doch sehr unrichtig zu sein, denn einmal sind mehr als ein Drittel aller Blütenpflanzen der Erde gelb oder gelblich, und was noch wichtiger erscheint, fast überall sind die gelb blühenden Individuen der einzelnen Arten den andersfarbig blühenden Pflanzen an Zahl weit überlegen. Es geht daraus evident hervor, dass die gelbe Farbe sehr viel wichtiger sein muss zur Erhaltung dieser oder jener Art und dass sie gleichfalls schöner sein muss als etwa Blau oder Rot; denn alles, was die Natur einsetzte, ist unbedingt in seiner Vollkommenheit auch schön, und schön ist doch jede Blume. Denke man nur an die blumigen Wiesen heimischer Fluren, wo Hahnenkamm, *Ranunculus* und andere gelb blühende Gewächse an Zahl alle anderen überragen. (…)

Denke man ferner an die steinigen Gelände des Orients oder Arabiens – hier sind es golden blühende Papilionaceen ohne Zahl, die der Landschaft das Goldige aufdrücken, dort sind es zahlreiche Euphorbiaceen oder Crassulaceen, die mit gelben Blüten vorherrschen. Jeder Reisende weiß aber von den prachtvollen, ganz in Gold gehüllten Inseln im Adriatischen Meere zu erzählen. (…)

Fast aller Blütenstaub aller Blumen der ganzen Erde ist gelb oder doch gelblich, und sehr oft sind anders gefärbte Blüten wenigstens am Grunde oder im Herzen gelb. (…)

Ganze Laubwälder färben sich im Herbste gelb oder fast golden, und nimmer hat man gehört, dass dies oder jenes Gold irgendein Mensch unschön oder gar lästig gefunden habe. (…)

Ein gelbes Blütenmeer lacht immer freundlich und erquickt – unerträglich aber berührt ein rotes Mohnfeld, ja es betäubt die Augen und blendet. Nicht viel besser geht es mit manchem Blau, und eben deshalb hat wohl die Natur diese Farben sparsamer verwendet und überall hineingestreut, niemals aber so massenhaft auftreten lassen als eben die vorstehend verteidigte Farbe.

DIE GARTENWELT, 1897

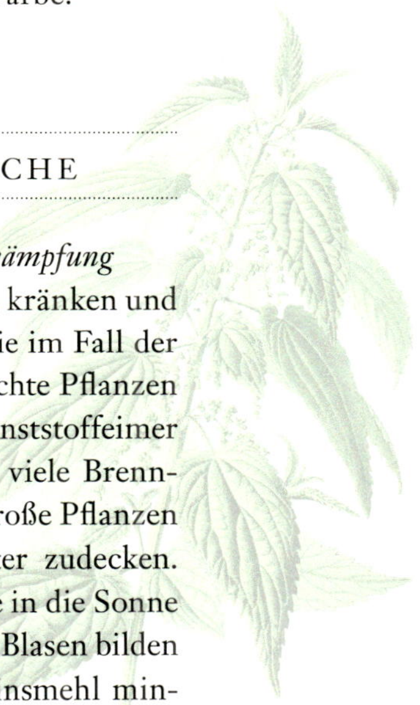

REZEPT FÜR BRENNNESSELJAUCHE

Zur Stärkung der Pflanzen und zur Ungezieferbekämpfung

Die beste Methode, Unkraut in seiner Wesenheit zu kränken und zu beschämen, besteht darin, es aufzuessen oder, wie im Fall der Brennnessel, zu einem stärkenden Guss für erwünschte Pflanzen zu vergären. Man braucht dazu einen großen Kunststoffeimer oder einen Holzbottich; Metall ist ungeeignet. So viele Brennnesseln sammeln, bis der Eimer locker gefüllt ist. Große Pflanzen zerschneiden. Mit Regenwasser aufgießen, Behälter zudecken. Die Brühe beginnt schneller zu gären, wenn man sie in die Sonne stellt. Täglich umrühren, bis sich an der Oberfläche Blasen bilden und der Aufguss zu stinken beginnt. Etwas Gesteinsmehl mindert den Geruch. Wenn sich nach ein, zwei Wochen keine Blasen mehr bilden, ist die Jauche fertig.

Zum Gießen von jungen Pflanzen und Setzlingen mischt man einen Teil Jauche mit zwanzig Teilen Wasser. Rasen düngt man mit einer Eins-zu-fünfzig-Mischung. Erwachsene, robuste Pflanzen vertragen einen Eins-zu-zehn-Guss. Unverdünnt kann man die Jauche vor dem Pflanzen zur Verbesserung des Bodens einsetzen. Dazu muss man sie allerdings im Sommer vorher ansetzen und abgedeckt verwahren. Pflanzenschädlinge erhalten eine unverdünnte Dröhnung aus der Sprühflasche. Drei aufeinanderfolgende Tage sollten reichen, dass sie verscheiden.

ELSEMARIE MALETZKE

UNTEN *Ein Guss stark verdünnter Brennnesseljauche stärkt junge Pflanzen und Setzlinge. Schädlinge bekommen eine tödliche Dosis pur.*

Wo immer ich grabe, der Scharfe Hahnenfuß ist schon da. *Ranunculus acris*, die hübsche Butterblume, treibt eine kleine Blattrosette, schiebt einen saftigen Stengel nach, mit dem sie, kaum dreht man ihr den Rücken, einen Bogen schlägt und eine weitere Rosette unweit der ersten in die Erde senkt. Sie verbreitet sich auf diese Weise mit Lichtgeschwindigkeit und ist als Bodendecker unerreicht. *Ranunculus* wächst sogar im Winter kopfunter im umgegrabenen Beet, ist im Frühling die Erste und weiß genau, dass ich ihr nicht mit der Hacke auf die Füße haue, weil ich fürchte, etwas zu treffen, was darunter noch schläft: die Zwiebeln der kleinen Iris, deren Tigerzungen von so exquisiter Schönheit sind, dass ich ganz geschmeichelt bin, sie bei mir erscheinen zu sehen. Oder die wilden Gladiolen, Konterbande aus Kreta, wo sie in minoischer Anmut die Hügel bewohnen. Der heimische Hahnenfuß wird ihnen allen den Garaus machen, wenn man ihm nicht den Weg abschneidet.

UNTEN *Der Scharfe Hahnenfuß, die hübsche Butterblume, ist als Bodendecker unerreicht. Wer ihr nicht den Weg abschneidet, wird in seinem Garten bald keine anderen Blumen mehr finden.*

Der Löwenzahn verfolgt eine andere Strategie. Er landet als Fallschirmjäger im Garten und treibt keine Stängel in die Luft, sondern Pfähle in die Tiefe. Es gibt geeignete Waffen, um ihn auszuheben, aber man muss es eben auch tun. Die Zaunwinde wiederum, eine wahre *belle dame sans merci*, tarnt sich mit Lieblichkeit. Oben öffnet sie ihre weißen, jugendstilschönen Blüten mit unschuldigem Augenaufschlag, während sie unten das Staudenbeet mit ihren wüsten Spaghettiwurzeln unterminiert, aus denen sogleich neue Winden sprießen, wenn man beim Jäten auch nur einen Krümel übersehen hat.

Irgendwann fragt sich die ermattete Gärtnerin, ob sie die unwillkommene Vegetation einfach zu einem Teil des Gartens erklären soll oder

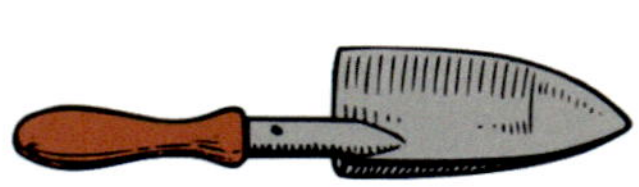

ob sie ihr etwas entgegenpflanzen könnte, das ebenso wuchsfreudig und impertinent ist. Doch ehrlich gesagt, es fällt mir kein Kultivar ein, der es mit der bestens angepassten heimischen Vegetation aufnehmen könnte. Manche versuchen es mit Knöterich, dem Tarzan unter den Rankgewächsen. Er wird gerufen, wenn es gilt, etwas verschwinden zu lassen – und sei es ein stillgelegtes Atomkraftwerk. Der Knöterich übernimmt das und spinnt alle Materie vollständig in duftende weiße Wolken ein, um sie schließlich unter sich zu begraben.

Es gibt nur ein Entweder-oder. Man überlässt den Garten dem natürlichen Einkrautungswillen, der jede Brache in Wald verwandelt, oder man versteht Unkrautjäten als philosophische Übung. Wie man hört, soll es den Charakter ungemein festigen, etwas Stumpfsinniges gut und gründlich zu tun.

ELSEMARIE MALETZKE

OBEN *Zaunwinden erblühen in trügerischer jugendstilzarter Schönheit. Wären sie nicht gar so unverwüstlich, man müsste sie lieben.*

UNTEN *Von der robusten Sorte ist der Löwenzahn. Er landet als Fallschirmjäger im Garten und treibt seine Pfahlwurzel in die Tiefe.*

6. KAPITEL

Jenseits der Gartenmauer

Seinem Blicke öffnete sich die Ebene wieder, die kahlen Felsen unter ihm verloren sich lieblich in dem grünen Gemisch der Wälder und Wiesen, die unfreundliche Natur war verschwunden, sie war mit der lieblichen Aussicht eins, von dem Übrigen verschönert, diente sie selber, die andern Gegenstände zu verschönern.

LUDWIG TIECK

IM VORAUS

Wer hat eigentlich das Spazierengehen erfunden, diese einfachste aller körperlichen Ertüchtigungen, zu der man nur sein Paar Füße braucht und notfalls einen Stock? (Oder neuerdings auch zwei, aber das fällt dann eher unter das Marschieren als unter das genussreiche, absichtslose Schlendern.) Vermutlich wurde das Umherwandeln im 18. Jahrhundert Mode, als adelige Herrschaften sich an die Spitze der Bewegung »Zurück zur Natur« stellten und Salon im Grünen hielten. Dazu spazierten sie mit ihren Gästen durch den Park, Bücher, Picknickkörbe und Schirmträger immer dabei; man plauderte geistreich, zitierte Rousseau und kehrte zum Tee im chinesischen Pavillon ein.

LINKS *Zum Spielen in den Park. Die Bonne trägt Stöckchen und Reif. Ludwig Knaus:* Spaziergang im Tuileriengarten, *1855.*
UNTEN *Unverkennbar Sanssouci. Der König konnte über die Terrassen direkt zur großen Fontäne hinabsteigen. Aquarell von J. W. Hintze, vor 1844.*

Spazierengehen war Luxus. Bauern und Handwerker gingen früher höchstens an Sonntagen spazieren. Die Leute von Lüttenhagen etwa bummelten am Garten des Oberförsters Johannes Grapow vorbei, der 1880 den ersten forstbotanischen Versuchsgarten in Mecklenburg angelegt hatte. Zwischen 27 exotischen Spezies errichtete er einen luftigen Pavillon, in dem er sonntagnachmittags seinen Kaffee trank. Die weniger Begünstigten, die ihm dabei über den Zaun zusahen, nannten diesen Ort den Paradiesgarten, und so heißt er noch heute.

Die höfische Gesellschaft begab sich irgendwann aus dem Park hinaus, die bürgerlichen Herrschaften spazierten hinein. Die Romantiker aber setzten den Hut auf, lösten die Halsbinde und stiegen auf die Berge, um jenseits der Gartenmauern die Schönheit der freien Natur zu preisen oder, wie Eduard Mörike, die Nachtigall im Wald von Cleversulzbach zu belauschen.

ELSEMARIE MALETZKE

RECHTS *Zu einer Zeit, als Damen noch große Hüte und blassen Teint trugen, stand diese Gartenbank mit fest installiertem Sonnendach im Katalog.*

LINKS *Der Vater voraus, Frau und Kinder folgen. Carl Spitzweg malte 1841 mit gelinder Bosheit und in feiner, luftiger Manier die biedermeierliche Familie beim* Sonntagsspaziergang *unter einem Sommerhimmel von exquisitem Blau. Man ist sichtlich erhitzt, aber der eingeschlagene Weg durchs Kornfeld muss weiter verfolgt werden. Die Nachhut schwingt das Schmetterlingsnetz.*

WIRKUNG DES FRÜHLINGS IM MENSCHLICHEN GEMÜTE

Wenn dort die Nachtigall die schlanke Zunge kräuselt;
Ergetzt das Ohr mein Herz. Wenn ein gelinder Wind
Mit sanfter Schmeichelei in lauen Lüften säuselt;
Beseelt mich das Gefühl. Wenn Floren Frühlingskind
Zibet und Ambra dampft, die Kräuter Balsam schwitzen;
Erquickt mich der Geruch, und wenn gereifte Frücht'
Ihr säu'rlich süßes Nass auf Gaum und Zunge spritzen;
Entzückt mich der Geschmack. Wenn aber mein Gesicht
Im hellen Sonnenstrahl und heiterm Frühlingswetter
Der Felder güld'nen Schmuck, der Wälder zarte Blätter,
Zumal der Gärten Pracht, der Blumen Glanz erblickt;
Ergetzt, erquickt, belebt, beseelt mich und entzückt
Ein Etwas, das mich selbst mir selber fast entrückt.

BARTHOLD HEINRICH BROCKES

RECHTS *Ein Garten ist der fließende Übergang von Natur zu Kultur. Wenn aber nur noch liederlich gewirtschaftet wird, übernimmt die Natur, wie auf dieser alten Postkarte zu sehen, schnell wieder das Kommando. Das Unkraut sprießt, der Buchsbaum gerät außer Fasson, die Statuen verfallen, und der wilde Flieder bedeckt die Terrassen.*

EINE LÜDERLICHE GÄRTNEREI

Als ich vor das Schloss heraustrat, kam ich in einen großen Garten, der auf breiten Terrassen, wovon die eine immer tiefer war als die andere, bis auf den halben Berg herunterging. Aber das war eine lüderliche Gärtnerei. Die Gänge waren alle mit hohem Grase bewachsen, die künstlichen Figuren von Buchsbaum waren nicht beschnitten und streckten, wie Gespenster, lange Nasen oder ellenhohe spitzige Mützen in die Luft hinaus, dass man sich in der Dämmerung ordentlich davor hätte fürchten mögen. Auf einige zerbrochene Statuen über einer vertrockneten Wasserkunst war gar Wäsche aufgehängt, hin und wieder hatten sie mitten im Garten Kohl gebaut, dann kamen wieder ein paar ordinäre Blumen, alles unordentlich durcheinander und von hohem wildem Unkraut überwachsen, zwischen dem sich bunte Eidechsen schlängelten. Zwischen den alten hohen Bäumen hindurch aber war überall eine weite, einsame Aussicht, eine Bergkoppe hinter der andern, so weit das Auge reichte.

JOSEPH VON EICHENDORFF

PHANTASUS

(...)
So saß ich still in mich gebückt,
Den Kopf in meine Hand gedrückt,
Als ich, so sinnend, es vernahm,
Dass jemand an die Türe kam.
Es klopfte, und ich rief: Herein!
Da öffnet schnell ein Händelein
So weiß wie Baumesblüt', herfür
Trat dann ein Knäblein in die Tür,
Das Haupt gekränzt mit jungen Rosen,
Die eben aus den Knospen losen,
Wie Rosenglut die Lippen hold,
Das krause Haar ein funkelnd Gold,
Die Augen dunkel, violbraun,
Der Leib gar lieblich anzuschaun.
Er trat vor mich und tät sich neigen
Und sprach alsdann nach kurzem Schweigen:
Wie kommt's, mein lieber kranker Freund,
Dass Ihr hier sitzt, da Sonne scheint?
Der Frühling geht umher mit Pracht,
Hat Laub des Waldes angefacht,
Es brennt das grüne Feuer wieder,
Und drein ertönen tausend Lieder,
die Erde trägt ihr Sommerkleid,
Der Plan erglänzt von Blumen weit,
Es springt der Fisch in blauem See,
Vom Obstbaum hängt der Blütenschnee,
Die Lieb- und Segen-schwangre Luft
Durchspielt in Wogen Kraft und Duft,
Das Kindlein lacht die Blüten an

UNTEN *Während der Frühling mit Macht und Pracht einzieht, sitzt der Dichter, in Sorgen eingemauert, verbrümmelt in seiner Klause. Ludwig Tiecks Gedicht und Rudolf Epps* Die Kirschblüten *von 1885 feiern das Wiedererwachen der Natur voller Glanz, Licht und Duft.*

Aus rotem Mund mit weißem Zahn,
Der Jüngling sieht sein Herz und Lieben
In Blumenschrift mit Glanz geschrieben,
Sich hebt der Jungfrau schöne Brust
In ahnungsvoller Liebeslust,
Der Greis erfrischt die alten Glieder
Und dünkt sich in der Kindheit wieder,
Und jedermann fühlt freudenschwanger
Den dunkeln Wald, den lichten Anger.
Du nur willst sitzen hier gekauert,
In deinen Sorgen eingemauert,
Von Schwermutswolken rings umhängt,
In Not und Zweifeln eingeengt?
Ich kenne dich nicht wieder schier;
Hinaus, mach stracks dich vor die Tür,
Und tu dein menschlich Angesicht
Hinein in holdes Himmelslicht,
Lass nicht die Stirn dir so verrunzeln,
Der Lippen Frische ganz verschrunzeln!
Das Auge, das sonst Strahlen scharf
Von seinem lichten Bogen warf,
Ist tief hinein zum Haupt geschmolzen
Und schießt nur schwer' und stumpfe Bolzen,
Entzweit hat sich dein Mund mit Lachen,
Scherz, Kuss sind ihm wildfremde Sachen,
In deiner gelb verschrumpften Haut
Der Kummer sich im Spiegel schaut:
Nicht, Kreatur, mach Schand' und Spott,
Der dich geschaffen, deinem Gott,
Schau aus, als seist nach seinem Bilde
Formieret edel, heiter, milde,
Verbrümmelt nicht und ungelachsen,
Als sei'n in dir zusammgewachsen
All Unkraut, Stacheln, Disteln, Dorn,
Mit Schimmel, Pilzen fest verworrn;
Frisch auf, lass dich von mir regieren,
Ins Frühlingsreich will ich dich führen.

LUDWIG TIECK

LINKS *Der Frühling »hat Laub des Waldes angefacht«, wie in diesem Bild* Der Frühling *von Valentin Ruths, entstanden 1883. Wald, Küsten und Gebirge waren die Lieblingssujets des Künstlers. In der Hamburger Kunsthalle malte er die vier Tages- und Jahreszeiten an die Wände.*
LINKS UNTEN *Tulpen, die über den ersten Schmelz hinaus sind, nehmen oft bizarre Formen an. Die scharfe Beobachterin Maria Sibylla Merian hat die bunten Frühlingsblumen kurz vor dem Vergehen aquarelliert.* Gartentulpen, *nach 1705.*

ICH KANN NUR DASTEHN, WIE EIN KIND

Ich kann nur dastehn, wie ein Kind, und staunen und stille mich freuen, wenn ich draußen bin, auf dem nächsten Hügel, und wie vom Äther herab alle Höhen alle näher und näher niedersteigen bis in dieses freundliche Tal, das überall an seinen Seiten mit den immergrünen Tannwäldchen umkränzt und in der Tiefe mit Seen und Bächen durchströmt ist, u. da wohne ich, in einem Garten, wo unter meinem Fenster Weiden und Pappeln an einem klaren Wasser stehen, das mir gar wohlgefällt des Nachts mit seinem Rauschen, wenn alles still ist und ich vor dem heiteren Sternenhimmel dichte und sinne.

FRIEDRICH HÖLDERLIN

SERENATA

im Walde zu singen

Solo
Wenn hier nur kahler Boden wär,
Wo itzt die Bäume stehn,
Das wäre doch bei meiner Ehr!
Ihr Herrn nicht halb so schön.

Denn wäre um uns her kein Baum
Und über uns kein Zweig,
Denn wäre hier ein kahler Raum,
Und ich marschierte gleich.

So bin ich wie ein Fisch im Meer
Und bleibe gerne hier.
Vivant die Bäume um uns her!
Der Zweig hier über mir!

a due voci
Und zählen kann ein Mensch sie nicht,
Sind ihrer gar zu viel;
Und jeder macht es grün und dicht,
Und jeder macht es kühl.

a tre voci
Und jeder steht so stolz und kühn
Und streckt sich hoch hinan,
Dünkt sich, die Stelle sei für ihn,
Und tut sehr wohl daran.

Recitativo
Es pflegen wohl die reichen Leut
Auch Wald zu machen gern;

OBEN *Maienschein heißt das schöne Licht, das im Frühling durch die Blätter der Hainbuchen fällt. Mit der großen Rotbuche ist* Carpinus betulus *nicht verwandt. Der grüne Puschel ist der Fruchtstand.* GANZ RECHTS *Stolz, kunstlos und unbeschnitten ragen die Bäume von Caspar David Friedrich.* Waldinneres bei Mondschein, *um 1825.*

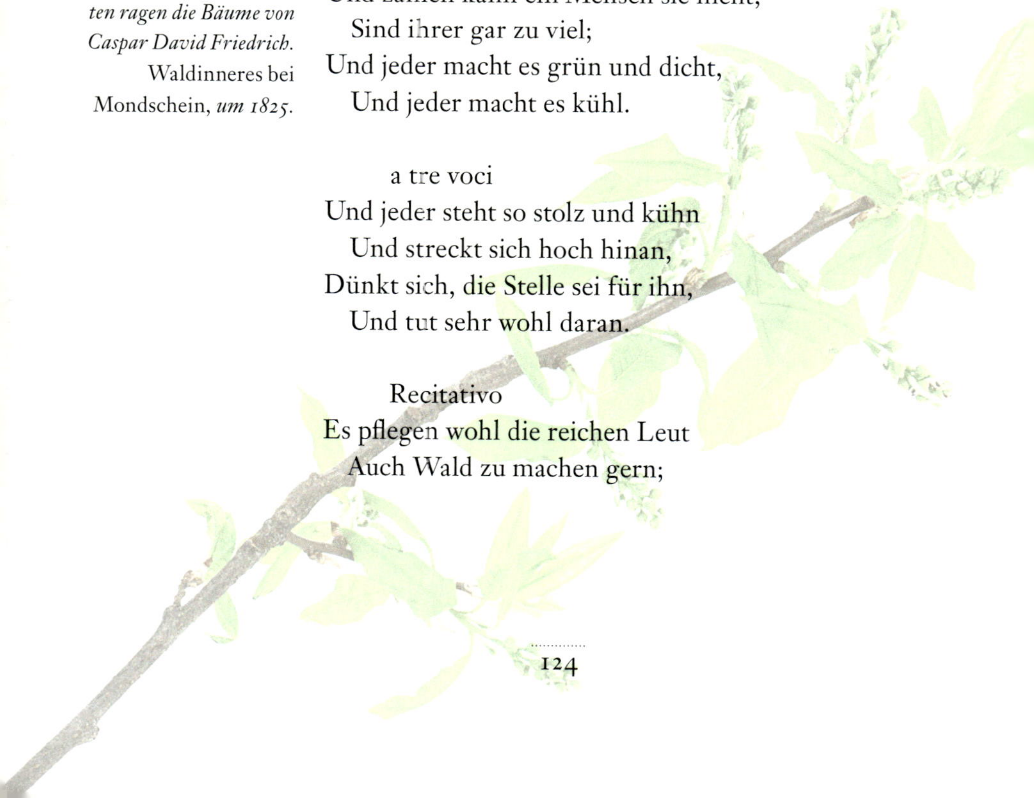

Fugato
Da pflanzen denn, die Läng und Breit,
Die klug und weisen Herrn
In eine lange Reihe hin
Gar künstlich Baum und Strauch;
Und meinen denn in ihrem Sinn,
Sie hätten's wirklich auch.

Recitativo
Noch kömmt ihr Gärtner Lobesan,
Den sie zu han geruhn,
Und schneidet mit der Schere dran,
Wie Schneidermeister tun.

Tutti
Jedoch ihr Wald ist Schneiderscherz,
Trägt nur der Schere Spur,
Und nicht das große volle Herz
Von Mutterlieb Natur!

Tuttissimi
Und nicht das große volle Herz
Von Mutterlieb Natur!
Ist purer puter Schneiderscherz,
Trägt nur der Schere Spur.

Choral
Hoch sitzt im Sofa der Baron,
Der Schweizer an der Tür,
Die Fürsten sitzen auf dem Thron,
Und wir, wir sitzen hier,

Auf bloßer Erde, feucht und kalt!
Und wir, wir sitzen hier
Und freun uns über diesen Wald
Und danken Gott dafür.

MATTHIAS CLAUDIUS

CANTUS LUSCINIAE IN SILVIS CLEVERSULZBACCENSIBUS OBSERVATUS

Tiuu tiuu tiuu tiuu,
Spe tiu zqua
Tio Tio tio tio tio tio tia
Quito quito quito quito
Zquo zquo zquo zquo;
Tzü tzü tzü tzü tzü tzü tzü tzü tzü tzix.
Quorror tiu zqua pipiqui.
Zozozozozozozozozozozozozo zirrhading:
Trisisi trisisisi resisi,
Zorre | | | hi;
Tzatn, -, -, -, -, -, -, zi
Dlo - - - - - - - - -:
Quio to r r r r r r r itz
Sü lü lü lü lü ly - - - li li li li,
Quico didl li lylyli.
Ha gürr gürr quipio!
Qui - - - qi - - - gi - - -
Goll - - - - gia hadodoi.
Quigi korr ha diadiadillri.
Hezeze - - - - - - - - - - - - - - quarrhozehoi,
Quia quia - - - - - - ti
Qi qi qi io io io ioioioio qi –
Lü ly li lelä la lö lo didl io quia
Hogaigai - - - - gai - - -
Quior zio zio pi

EDUARD MÖRIKE

DAS VOGELPARADIES

Das Buschwerk dieses Hügels diente der Menge von Vögeln zur Zufluchtsstätte, deren Zwitschern ich von weitem gehört hatte, und im Schatten des Laubes, wie unter einem großen Sonnenschirme, sah man sie flattern, hüpfen, singen, sich locken, sich necken, als hätten sie uns gar nicht bemerkt. Sie flohen so wenig bei unsrer Annäherung, dass ich, weil man zuvor vom Vogelhause gesprochen hatte, glaubte, sie seien durch ein Gitter eingeschlossen. Als wir aber an den Rand des Bassins gekommen waren, sah ich viele herabfliegen und sich uns auf einer Art kurzer Allee nähern, die den künstlichen Hügel in zwei Hälften teilte und das Bassin mit dem Vogelgehege verband. Herr von Wolmar ging um das Bassin herum und streute in die Allee zwei bis drei Hände voll vermischter Körner, die er in der Tasche hatte; kaum hatte er sich wieder zurückgezogen, kamen die Vögel herbei und fingen so zutraulich wie Hühner zu fressen an, dass ich wohl sah, dass sie an diese Fütterung gewöhnt waren. »Das ist doch allerliebst«, rief ich aus; »das Wort ›Vogelhaus‹ in Ihrem Munde hatte mich zuerst befremdet; nun aber verstehe ich's; ich sehe wohl, Sie wünschen Gäste, keine Gefangnen.« »Was sagen Sie von Gästen?«, erwiderte Julie. »Wir sind hier die Gäste. Sie sind hier die Herren, und wir bezahlen ihnen Tribut dafür, dass wir zuweilen geduldet werden.« »Sehr gut«, antwortete ich; »Wie haben sich aber diese Herren des Orts bemächtigt? Wie hat man

LINKS *Den Gesang der Nachtigall in den Wäldern von Clever-Sulzbach zu belauschen und in Lautschrift zu notieren gehörte vermutlich zu den musikalischen Späßen, die Eduard Mörike im Freundeskreis trieb.*
UNTEN *Zu den Vögeln, die im Käfig gehalten werden können, rechnete* Meyers Großes Konversationslexikon *von 1905 auch Grasmücke, Stieglitz und Lerche.*

OBEN *Wo Vögel sind, fliegen andere hin. Am wohlsten fühlen sie sich in einer unaufgeräumten Landschaft mit Sträuchern voller Samen, Beeren und Früchte, wie in dieser wildwachsenden Hecke.*

hier so viele freiwillige Bewohner versammelt? Ich habe niemals gehört, dass man etwas dergleichen versucht hätte, und hätte nicht geglaubt, dass es glücken könnte, wenn ich nicht den Beweis vor meinen Augen sähe.«

»Zeit und Geduld«, sagte Herr von Wolmar, »haben dieses Wunder bewirkt (…), und wenn sie jetzt in so großer Anzahl sich hier aufhalten, so deshalb, weil schon immer Vögel hier gewesen sind. Man schafft keine her, wenn keine da sind; gibt es aber schon welche in der Gegend, so ist es leicht, sie in größeren Scharen herbeizulocken, indem man für alles sorgt, was sie brauchen, sie niemals erschreckt, sie in Ruhe brüten lässt und die Brut nicht zerstört. Denn dann bleiben die da, die schon da sind, und die Ankömmlinge auch. Dieses Buschwerk war schon vorhanden, obwohl vom Obstgarten getrennt. Doch Julie hat es nun nur durch eine wildwachsende Hecke einschließen lassen, die Hecke, die es zuvor vom Garten trennte, entfernt, es mit neuen Pflanzen vergrößert und geschmückt. Sie sehen zur Rechten und Linken der Allee, die dahinführt, zwei Flächen, die mit einem bunten Gemisch von Gräsern, Korn und allen möglichen Arten von Pflanzen dicht bewachsen sind. Dort lässt man alle Jahre Korn, Hirse, Sonnenblumen, Hanf, Wicken und überhaupt von allen Sämereien, welche die Vögel lieben, aussäen, ohne dann zu ernten. Außerdem bringen wir ihnen, sie oder ich, fast alle Tage Futter, im Sommer wie im Winter.«

JEAN-JACQUES ROUSSEAU

MAN GREIFE NACH HÜTEN UND SONNENSCHIRMEN

An dem Pfarrer wurde nach und nach eine prickelnde Unmüßigkeit sichtbar; er entfernte sich öfters, gab vor der Tür geheime Befehle und sah mit Vergnügen die letzte Schüssel auftragen. Eh' man zum Nachtisch kam, stand er auf und sagte: »Es beginne nun die Symphonie zum zweiten Aktus, mit etwelchem Gläsergeklingel, wenn's beliebt. Sofort erhebe sich eine werte Gesellschaft, greife nach Hüten und Sonnenschirmen und verfüge sich allgemach aus meinem Hause, woselbst für jetzt nichts mehr abgereicht wird. Zuvor aber richten Sie gefälligst noch die Blicke hier nach dem Fenster und bemerken dort drüben den sonnigen Gipfel.« Man erblickte auf einem vor dem Walde gelegenen Hügel, den wir schon als das Geigenspiel bezeichnet haben, ein großes linnenes Schirmdach mit bunter Flagge aufgerichtet, das einen runden weiß gedeckten Tisch zu beschatten

UNTEN *Fröhlich bricht die Gesellschaft auf. »In kurzem befand man sich auf dem Berg, tief Atem holend und erstaunt über die unbegrenzte Aussicht.«* Felsige Landschaft *von J. W. Schirmer.*

OBEN *Eine sommerliche leichte Laube mit Spalier und Steintisch, wie geschaffen für einen Ausflug, zeichnete Carl Philipp Fohr im Jahr 1816.*

schien. Die dichten Laubgewinde, die an fünf Seiten des Schirms herunterliefen, gaben dem Ganzen das Ansehn eines leichten Pavillons. Amandus hatte diese bewegliche Einrichtung schon seit einiger Zeit für die jährlichen Kinderfeste sowie zur Bequemlichkeit der Fremden machen lassen, weil die daneben stehende Linde dem Platze mehr Zierde als Kühlung verlieh. – Die Gesellschaft kam außer sich vor Freude; man machte sich auch unverzüglich auf den Weg, denn jedes sehnte sich, sein glückliches Gefühl in freiester Weise noch leichter auszulassen. Die Jüngern waren schon vorausgesprungen. (…)

In kurzem befand man sich auf dem Berg, tief Atem holend und erstaunt über die unbegrenzte Aussicht. »Bei Frauenzimmern«, fing Amandus an, »wenn sie den letzten herben Schritt überwunden haben und jetzt sich umsehn, unterscheide ich jedes Mal zweierlei Gattungen Seufzer. Der eine ist ganz gemein materieller Natur, kein Lüftchen ist imstand, ihn von der Rosenlippe aufzunehmen und über die glänzende Gegend selig hinwegzutragen, sondern sogleich fällt er plump, schwer zu Boden, prosaisch wie das Schnupftuch, womit man sich die Stirn abtrocknet. Billig sollten die Schönen sich seiner ganz enthalten, ihn wenigstens unterdrücken, denn gewissermaßen muss er den Wirt beleidigen, den Cicerone der Gesellschaft, der alle diese Herrlichkeit mit Enthusiasmus wie sein Eigentum vorzeigt und nicht begreifen kann, wie man in solchem Augenblicke nur noch das mindeste Gefühl von der armseligen Mühe haben kann, womit man sich so einen Anblick erkaufte. Ja, Damen hab' ich gesehen, die gaben sich Mühe, diesen Seufzer recht reizend schwindsüchtig und ätherisch hervorzubringen und ein mitleidflehendes Gesicht zu machen, als würde gleich die Ohnmacht kommen. Man enthält sich kaum, dabei recht schmachtend zu fragen: Ist Ihnen nicht ein Schluck Affentaler gefällig, Fräulein, oder dergleichen? Kurz also, wenn jene erste Gattung nichts weiter sagen will als: Gottlob, dies wäre überstanden!, so ist dagegen die zweite« – Er hatte noch nicht ausgeredt, so kam erst Agnes, bis jetzt von niemand eigentlich vermisst, mit einem Kinde des Pfarrers, das nicht mehr hatte fortquackeln können und das sie sich auf den Rücken geladen, den steilen Rand von der Seite heraufgeklommen; sie setzte atemlos das Kind auf die Erde und ein »Gottlob!« entfuhr ihr halblaut. Bei diesem Wort sah man sich um, ein allgemeines Gelächter war unwiderstehlich, aber auch rührender konnte nichts sein als die erschrocken fragende Miene des lieben Mädchens. Herzlich umarmte und küsste sie Amandus, indem er rief: »Diesmal, wahrhaftig, ist Marthas Mühe schöner als selbst das eine, das hier oben not ist.«

EDUARD MÖRIKE

UNTEN *Für die Romantiker hatte die Natur ihre Schrecken verloren. Man wanderte, stieg auf die Berge und pries die Freiheit. Nur die Damen seufzten gelegentlich.* Waldlandschaft mit großen Laubbäumen *von Carl Spitzweg.*

INHALT

TEXTNACHWEIS

Arnim, Bettina von: *Die Günderode*, hg. von Elisabeth Bronfen, Matthes & Seitz, München 1982, S. 223 f. (69 f.), 253 ff. (93 ff.)

Austen, Jane: *Sanditon*, vollendet von Marie Dobbs, übers. von Elizabeth Gilbert, © 1980 Bastei Lübbe GmbH & Co. KG, Köln, zitiert nach: Deutscher Taschenbuch Verlag, München ²2000, S. 27 (72)

Bernstein, F. W.: Rechte beim Autor Fritz Weigle (109 f.)

Bierbaum, Otto Julius: *Irrgarten der Liebe*, Insel bei Schuster u. Loeffler, Berlin u. Leipzig 1901, S. 72 (72 f.)

Brockes, Barthold Heinrich: *Irdisches Vergnügen in Gott, bestehend in Physicalisch- und Moralischen Gedichten, nebst einem Anhange etlicher übersetzten Fabeln des Herrn de la Motte*, mit einer gedoppelten Vorrede von (Christian Friedrich) Weichmann, Johann Christoph Kißner, Hamburg ²1724, S. 7 (84)

ders.: *Irdisches Vergnügen in Gott, bestehend in Physicalisch- und Moralischen Gedichten, nebst einem Anhange verschiedener dahin gehörigen Übersetzungen*, hg. u. mit einer Vorrede von (Christian Friedrich) Weichmann, Johann Christoph Kißner, Hamburg 1727, 2. Teil., S. 95 (119)

Buffon, Georges-Louis Leclerc Comte de: *Les époques de la nature*, aus: ders.: *Histoire naturelle, générale et particulière*, Paris 1764 / 65, übers. von Georg Forster für dessen Werk *Ein Blick in das Ganze der Natur*, 1780, zitiert nach: Lutz Flörke mit Vera Rosenbusch: *Poesie in Grün. Literarische Spaziergänge durch Englische Gärten*, Shoebox House, Hamburg 2011, S. 30 (11 f.)

Čapek, Karel: *Das Jahr des Gärtners*, übers. von Marcela Euler, Schöffling & Co., Frankfurt a. M. 2010, S. 91 (68)

ders.: *Reisebilder*, aus dem Tschechischen von Gustav Just, © Aufbau Verlag GmbH & Co. KG, Berlin 1978 (diese Übersetzung erschien 1978 im Aufbau Verlag; Aufbau – eine Marke der Aufbau Verlag GmbH & Co. KG), S. 64 f. (46 ff.)

Chamisso, Adelbert von: *Peter Schlemihls wundersame Geschichte*, aus: *A. von Chamissos sämtliche Werke in vier Bdn.*, A. Weichert, Berlin o. J., S. 16 ff. (63 ff.)

Claudius, Matthias: *Sämtliche Werke des Wandsbecker Boten*, Artemis & Winkler, Düsseldorf und Zürich ⁸1996, S. 27 f. (57), 114 ff. (124 f.)

Colette, Sidonie, aus: dies.: »Brief an den Schwiegersohn«, übers. von Renate Orth-Guttmann, aus: Mania Lohrengel (Hg.): *Vom Glück, die Natur zu lieben*, Elisabeth Sandmann, München 2006 (61)

Droste-Hülshoff, Annette von: *Historisch-kritische Ausgabe*, Bd. IX. I: Briefe 1839 – 1842, hg. von Winfried Woesler, Niemeyer, Tübingen 1993, S. 97 f. (56)

Durrell, Gerald: *Animal Courtships. Encounters with Animals*, Rupert-Hart Davies, London 1958, S. 60, übers. von Elsemarie Maletzke (103 f.)

Eckermann, Johann Peter: *Gespräche mit Goethe in den letzten Jahren seines Lebens*, Insel, Frankfurt a. M., Kap. 278 (101 f.)

Eichendorff, Joseph von: *Aus dem Leben eines Taugenichts*, Philipp Reclam jun., Stuttgart 2007, S. 65 f. (120 f.)

Die Gartenwelt. Hesdörffers Monatshefte für Blumen- und Gartenfreunde, hg. von Max Hesdörffer, Gustav Schmidt, Berlin 1897, S. 77 f. (111 ff.)

Georg, Großherzog von Mecklenburg-Strelitz: unveröffentlichtes Manuskript (92)

Gessner, Salomon: *Sämtliche Schriften in 3 Bdn.*, Bd. 2, hg. von M. Bircher, Orell Füssli, Zürich 1972, zitiert nach: Hilde Fieguth: *Bäume pflanzen wie die Wolken*, Nymphenburger, München 1986, S. 75 f. (23)

Goethe, Johann Wolfgang von: *Gedichte 1756 – 1799*, hg. von Karl Eibl, Deutscher Klassiker Verlag, Frankfurt a. M. 1987, S. 239 (81)

ders.: *Die Leiden des jungen Werthers*, Deutscher Taschenbuch Verlag, München ³1997, S. 37 (67)

ders.: *Die Wahlverwandtschaften*, aus: *Goethes Werke. Auswahl in 16 Bdn.*, Bd. 8, A. Weichert, Berlin [1905], S. 20 f. (40 ff.), 98 (31 f.), 159 (25)

ders.: *West-östlicher Divan*, Teil I, hg. von Hendrik Birus, Deutscher Klassiker Verlag, Frankfurt a. M. 1994, S. 90 (88)

ders., zitiert nach: Anna Zika: *Geist und Gefühl. Ein literarischer Begleiter durch den Wörlitzer Park*, Verlag und Datenbank für Geisteswissenschaften, Weimar 2011 (29)

Hebel, Johann Peter: *Schatzkästlein des rheinischen Hausfreundes*, Otto Hendel, Halle a. d. S. 1886, S. 44 ff. (104 ff.)

Heine, Heinrich: *Französische Zustände und andere Schriften über Frankreich*, aus: ders.: *Werke in fünf Bdn.*, Bd. 4, Könemann, Köln 1995, S. 34 ff. (18 ff.)

Heppe, Johann Christoph: *Die Jagdlust oder die hohe und niedere Jagd nach allen ihren Verschiedenheiten*, Teil 3, Gabriel Nikolaus Raspe, Nürnberg 1784, S. 404 ff. (85 ff.), S. 490 ff. (81 ff.)
Hirschfeld, Christian Cay Laurenz: *Theorie der Gartenkunst*, hg. u. mit einem Nachwort von Franz Ehmke, Deutsche Verlags-Anstalt, Stuttgart 1990, S. 144 ff. (34 ff.)
Hoffmann, E. T. A.: *Die Königsbraut*, aus: ders.: *Sämtliche poetische Werke*, Bd. 2: *Die Serapionsbrüder*, Sonderausgabe der Tempel-Klassiker, Emil Vollmer, Wiesbaden o. J., S. 945 (71)
ders.: *Sämtliche poetische Werke*, Bd. 4: *Letzte Erzählungen*, Sonderausgabe der Tempel-Klassiker, Emil Vollmer, Wiesbaden o. J., S. 543 ff. (59 f.)
Hölderlin, Friedrich: *Sämtliche Werke* VI. I, Kohlhammer, Stuttgart 1954, S. 445 (123)
Huysmans, Joris-Karl: *Gegen den Strich*, übers. u. hg. von Walter Münz u. Myriam Münz, © Philipp Reclam jun. GmbH & Co. KG, Stuttgart 1992, S. 109 f. (61 ff.)
Jean Paul: *Flegeljahre*, Fischer Bücherei, Frankfurt a. M. 1964, S. 151 f. (48 f.)
ders.: *Des Luftschiffers Giannozzo Seebuch*, aus: ders.: *Sämtliche Werke*, Bd. 3, hg. von Norbert Miller, Hanser, München 1963 (28 f.)
Kerner, Justinus / Niethammer, Marie: *Das Leben des Justinus Kerner, erzählt von ihm und seiner Tochter Marie Niethammer*, hg. von Karl Pörnbacher, Justinus-Kerner-Verein u. Frauenverein Weinsberg e. V., Weinsberg 2005, S. 348 f. (73)
Kügelgen, Wilhelm von, aus: Schöner, Hans (Hg.): *Wilhelm von Kügelgen. Sein Leben und seine Bilder*, Dr. Hans Schöner, Mönkeberg ²1996 (68 f.)
La Roche, Sophie von: *Geschichte des Fräuleins von Sternheim*, hg. von C. M. Wieland, Weidmanns Erben u. Reich, Leipzig 1771, zitiert nach: Hilde Fieguth: *Bäume pflanzen wie die Wolken*, Nymphenburger, München 1986, S. 81 (22)
Ligne, Charles Joseph de: *Der Garten zu Beloeil nebst einer kritischen Übersicht der meisten Gärten Europens*, übers., hg. u. mit einer Vorrede von W. G. Becker, Walther, Dresden 1799 (53)
Maletzke, Elsemarie, aus: dies. (Hg.): *Gartenglück*, © Schöffling & Co. Verlagsbuchhandlung GmbH, Frankfurt a. M. 2010, S. 42 f. (79 f.), 115 f. (114 f.) (bearbeitete Extrakte aus den Kapiteln »Was wollen die Bäume« bzw. »Kommt früh, bleibt dafür gern etwas länger«)
Morgenstern, Christian: *Werke und Briefe*, Stuttgarter Ausgabe, Bd. 2, hg. von Martin Kießig, Urachhaus, Stuttgart 1992, S. 86 f. (97)
Mörike, Eduard: Abschrift eines Autographen aus dem Katalog *Mörike und die Künste* des Schiller Nationalmuseums, Marbach 2004 (126)
ders.: *Maler Nolten*, Philipp Reclam, Stuttgart 1987, S. 313 ff. (129 ff.), 392 (14)
Moritz, Karl Philipp: *Wanderschaften und Schicksale*, hg. von Gotthard Erler, Hinstorff, Rostock 1975 (15 ff.)
Pückler-Muskau, Hermann Fürst von: *Andeutungen über Landschaftsgärtnerei: verbunden mit der Beschreibung ihrer praktischen Anwendung in Muskau*, Hallberger, Stuttgart 1834, Kap. 9, zitiert nach: Spiegel Online, Projekt Gutenberg (89 ff.)
ders.: *Briefe eines Verstorbenen*, hg. von Heinz Ohff, Propyläen, Berlin 2006, S. 55 f. (43 f.)
Reider, Jakob Ernst von: *Allgemeine Deutsche Gartenzeitung*, 2. Jahrgang , 1824, zitiert nach: Clemens Alexander Wimmer: *Geschichte der Gartentheorie*, Wissenschaftliche Buchgesellschaft, Darmstadt 1989, S. 245 (57 f.)
Rikyu, Sen no, aus: Hammitzsch, Horst: *Cha-do – Der Teeweg*, Planegg, München 1958, S. 101, zitiert nach: Irmtraud Schaarschmidt-Richter: *Japanische Gartenkunst*, Deutsche Verlags-Anstalt, München 2008, S. 71 (53)
Rilke, Rainer Maria: *Gedichte 1895 bis 1910*, Bd. 1, hg. von Manfred Engel u. Ulrich Fülleborn, Insel, Frankfurt a. M. u. Leipzig 1996, S. 574 (13)
Rosenlöcher, Thomas: *Ich sitze in Sachsen und schau in den Schnee*, © Suhrkamp, Frankfurt a. M. 1998, S. 17. Alle Rechte bei und vorbehalten durch Suhrkamp Verlag Berlin (79)
Rousseau, Jean-Jacques: *Julie oder die neue Héloïse*, übers. von Johann Gottfried Gellius, Winkler, München 1988 (27 f., 126 ff.)
Rückert, Friedrich: *Liedertagebuch V / VI: 1850–1851*, Bd. 1, hg. von Rudolf Kreutner u. Hans Wollschläger, Wallstein, Göttingen 2003 (58 f.)
Schiller, Friedrich: *Schillers Briefe* I, II, 1796–31. 10. 1798, hg. von Norbert Oellers u. Frithjof Stock, Bd. 29, Hermann Böhlaus Nachfolger, Weimar 1977, S. 148 f. (74)
Synge, John Millington: *In Wicklow, West Kerry & Connemara*, übers. von Gabriele Haefs, © Schöffling & Co. Verlagsbuchhandlung GmbH, Frankfurt a. M. 1996, S. 30 ff. (74 ff.)
Tieck, Ludwig: *Ausgewählte Werke in acht Bdn.*, mit einer Einleitung von Heinrich Welti, Bd. 8, J. G. Cotta, Stuttgart o. J., S. 240 ff. (121 f.)
ders.: *Franz Sternbalds Wanderungen*, zitiert nach: Lutz Flörke mit Vera Rosenbusch: *Poesie in*

Grün. Literarische Spaziergänge durch Englische Gärten, Shoebox House, Hamburg 2011, S. 194 (117)
ders.: *Phantasus*, aus: ders.: *Schriften*, G. Reimer, Berlin 1828–1854, Bd. 4, S. 82 ff. (37 ff.)
ders.: *Eine Sommerreise*, aus: ders.: *Schriften*, G. Reimer, Berlin 1828–1854, Bd. 7: *Novellen*, S. 101 f. (12 f.)
Walahfrid Strabo: *De cultura hortorum. Das Gedicht vom Gartenbau*, Reichenauer Texte, hg. von Walter Berschin, übers. von Otto Schönberger, Mattes, Heidelberg 2010, S. 39 ff. (54 f.)
Weiße, Christian Felix: »Auf einen zu künstlichen Garten«, aus: *Kleine lyrische Gedichte von C. F. Weiße*, Bd. 3: *Kleinigkeiten*, F. A. Schraembl, Wien 1793, S. 241 (9)
ders.: *Der Kinderfreund. Ein Wochenblatt*, Siegfried Lebrecht Crusius, Leipzig 1781, zitiert nach: Hilde Fieguth: *Bäume pflanzen wie die Wolken*, Nymphenburger, München 1986, S. 168 f. (17 f.)
Wesselhöft, Johannes: *Der Garten des Bürgers und Landmannes*, Hermann Beyer & Söhne, Langensalza 1922, S. 26 ff. (107 ff.)
Wolzogen, Caroline von: *Agnes von Lilien*, hg. von Thomas Anz, Verlag LiteraturWissenschaft.de, Marburg 2005, S. 75 f. (29 ff.)

o. = oben, u. = unten, r. = rechts, l. = links, M. = Mitte

Einbandvorderseite Robert Reid: *Gartenpflege*, spätes 19. Jhd. (Ausschnitt), Foto: Bridgeman Art Library / Christie's Images; **S. 1** William Morris: Tapetenmuster *Trellis*, 1864 (Ausschnitt); **2** Gustav Klimt: *Obstgarten mit Rosen*, 1911 / 12 (Ausschnitt); **3** Max Liebermann: *Die Gartenbank*, 1916 (Ausschnitt); **4–5** Max Liebermann: *Garten und Haus am Wannsee*, 1918; **6 M.l.** *Meyers Großes Konversations-Lexikon: Apfelsorten (System Diel-Lucas)*, von l.: *Roter Wintertaubenapfel, Weißer Winterkalville, Kaiser Alexander, Prinzenapfel, Kleiner Fleiner*, 1905 (Detail); **6–7** Friedrich Förster: *Leben und Thaten Friedrich's des Grossen: Friedrich pflanzt im Garten zu Rheinsberg Obstbäume*, 1840 (Ausschnitt), Foto: akg-images Berlin; **8** von unbekannt: Französischer Landsitz, frühes 18. Jhd. (Ausschnitt); **9 o.** *The Illustrated Catalogue of Furniture and Household Requisites:* Terracottavase, um 1883; **9 u.r.** Martin Schongauer: *Madonna im Rosenhag*, 1473; **10** Gervasius Fabricius: *Album Amicorum*: Damen im Garten bei ihrer Stickerei, um 1603–1637; **11** Adolf Friedrich Erdmann von Menzel: *Baumstamm*, um 1875–1880; **12** Gustav Klimt: *Allee im Park von Schloss Kammer*, 1912; **13 o.** Prof. Dr. Otto Wilhelm Thomé: *Flora von Deutschland, Österreich und der Schweiz: Rotbuche* (Fagus sylvatica), 1885 (Detail); **13 u.** Fotografie: Garten-Sonnenuhr, o. J., Foto: © fotolia / perlphoto; **14 u.** Fotografie: Labyrinth, o. J., Foto: © fotolia / WestPic; **14–15 o.** Kreislabyrinth, o. A., © fotolia / Felix Pergande; **15 u.r.** von unbekannt: *Fredericka Weichsel in den Vauxhall Gardens*, 1778 (Detail), Foto: akg-images Berlin / Florilegius; **16 o.l.** Thomas Rowlandson: *Vauxhall*, 1785; **16 u.l.** *The Illustrated Catalogue of Furniture and Household Requisites:* Gartenbank *Sandringham*, um 1883; **17** Fotografie: als Skulptur geschnittene Hecke, o. J., Foto: © fotolia / petroos; **18–19 u.** Adam oder Gabriel Pérelle: *Ansicht der Tuilerien-Gärten im Jahr 1680*, spätes 17. Jhd.; **19 o.** Charles Fichot: *Das moderne Paris – Tuilerien, Louvre, Rue de Rivoli von den Tuilerien-Gärten aus gesehen*, Mitte 19. Jhd; **20** Jean Henri Marlet: *Zeitungslektüre im Jardin des Tuileries in Paris*, 1821–1823, Foto: akg-images Berlin; **21 o.** Eugène Guérard: *Die Tuilerien (Alleé des Feuillants)*, 1856 (Ausschnitt), Foto: akg-images Berlin; **21 u.** *The Illustrated Catalogue of Furniture and Household Requisites:* Porzellanvase, um 1883; **22 o.** Carl Spitzweg: *Der Maler im Garten*, um 1870 (Ausschnitt); **22 u.** *The Illustrated Catalogue of Furniture and Household Requisites:* Beetbegrenzungen, um 1883; **23** Carl Gustav Carus: *Blühende Holunderhecke im Mondschein*, um 1825 (Ausschnitt); **24** Francis Nicholson: *Stourhead*, frühes 19. Jhd. (Ausschnitt); **25 o.** *The Illustrated Catalogue of Furniture and Household Requisites:* Terracottaschale mit Sockel, um 1883; **25 u.** Ansichtskarte: *Wörlitz. Gothisches Haus*, frühes 20. Jhd; **26** Paul Cézanne: *Gehöft in der Normandie, Hattenville*, 1882; Foto: akg-images Berlin; **27 o.** *The Illustrated Catalogue of Furniture and Household Requisites:* Gartenstuhl, um 1883; **27 u.** Prof. Dr. Otto Wilhelm Thomé: *Flora von Deutschland, Österreich und der Schweiz: Pfirsichbaum* (Prunus persica), 1885 (Detail); **28 M.** Photochrom: Wörlitzer Park, Pantheon, um 1890–1900; **28 u.** von unbekannt: Ballon, 18. Jhd., Foto: © fotolia / Erica Guilane-Nachez; **29** nach Jakob Melcher: *Johann Wolfgang von Goethe*, frühes 19. Jhd. (Ausschnitt); **30** Lawrence Alma-Tadema: *Stiefmütterchen pflückendes Mädchen*, um 1902 / 04, Foto: akg-images Berlin / Sotheby's; **31 M.r.** von unbekannt: zu einem Strauß zusammengebundene Veilchen, frühes 20. Jhd (Ausschnitt); **31 u.r.** Johann Caspar Lavater: *Physiognomische Fragmente zur Beförderung der Menschenkenntnis und Menschenliebe: Goethe und Fritz von Stein*, 1776; **32 o.** *The Illustrated Catalogue of Furniture and Household Requisites:* Eschen-Heurechen, um 1883; **32 u.** William Marlow: *Ansicht der Wildnis der Royal Gardens in Kew mit Alhambra, Pagode und Moschee*, frühes 19. Jhd. (Ausschnitt); **33** Richard Wilson: *Kew Gardens: Torbogen-Ruine*, um 1760; **34** Heinrich Brückner: *Das Badehaus in der Rosenau*, um 1845, Foto: akg-images Berlin; **35 o.** Jean-Antoine Watteau: *Die Perspektive: Blick durch die Bäume im Park des Pierre Crozat*, um 1718 (Ausschnitt); **35 M.r.** Christian Cay Lorenz Hirschfeld: Titelblatt *Theorie der Gartenkunst* (Bd. 2), 1780; **36 o.** Johann Daniel Reitter / Gottlieb Friedrich Abel: *Abbildung der hundert deutschen wilden Holz-Arten nach dem Nummern-Verzeichnis im Forst-Handbuch von F. A. I. von Burgsdorf: Der Winterepheu* (Hedera helix), 1790–1794; **36 u.** Johann Baptist Theobald Schmitt: *Eremit in Flotbek*, 1795; **37** *The Illustrated Catalogue of Furniture and Household Requisites:* Gartenstatuette, um 1883; **38** Ansichtskarte: *Im englischen Garten*, Chinesischer Turm, um 1900; **39** von unbekannt: *Die Gartenlaube: Die Parkanlagen in Branitz* – (von l. im Uhrzeigersinn) *Rosenberg, Kiosk, Schwanen-*

häuschen, Treppenfichten, Tumulus, Schloss von der Parkseite (M.), 1863; **40** Ansichtskarte: *Schwetzingen. Moschee im Schlosspark*, um 1900; **41** Adalbert Stifter: *Zerfallene Hütte im Wald*, 1840 oder 1846; **42 o.** Photochrom: Wörlitzer Park, Stein, um 1890–1900; **42 u.** *The Illustrated Catalogue of Furniture and Household Requisites:* Holz-Schubkarre, um 1883; **43** Umbach / Wenderoth: *Der Aquaduct zu Wilhelmshöhe*, um 1850; **44** Georg Flegel: *Drei Gartennelken*, um 1630; **45 o.** George Goodwin Kilburne: *Ein Gartenspaziergang*, o. J.; **45 u.** Nicolas II de Larmesssin: *Gewand des Parfumeurs*, 1695; **46** Carl Benjamin Schwarz: *Leipzig, Park mit Georgenhospital im Hintergrund*, 1804 (Ausschnitt); **47** Photochrom: Hampton Court Park, um 1890–1900; **48** Sommereiche, o. A.; **49** Fotografie: Kirschbaumblüte im Botanischen Garten Köln-Riehl, 2011, Foto: akg-images Berlin / Rainer Hackenberg; **50** Thomas H. Hunn: *Stiefmütterchen im Garten von Gertrude Jekyll, Munstead Wood, Surrey*, o. J. (Ausschnitt); **51 o.** *The Illustrated Catalogue of Furniture and Household Requisites:* Terracottavase, um 1883; **51 u.** Prof. Dr. Otto Wilhelm Thomé: *Flora von Deutschland, Österreich und der Schweiz: Hundsrose* (Rosa canina), 1885 (Detail); **52–53 u.** František Kaván: *Garten in Libuni*, o. J. (Ausschnitt); **52 o.** Oskar Grill: *Der Gärtner*, frühes 20. Jhd; **53 o.** von unbekannt Karikatur eines Gärtners, frühes 20. Jhd; **54 o.l.** *The Illustrated Catalogue of Furniture and Household Requisites:* Stahlguss-Gartengabel für Männer, um 1883; **54 u.** Hans Weiditz d. J.: Anbau von Heilkräutern in einem Kräutergarten des 16. Jhd., 1557; **55** *The Illustrated Catalogue of Furniture and Household Requisites:* Gießkanne, um 1883; **56** Fotografie: Blühende Apfelbäume im Garten von Haus Rüschhaus, bis 1846 Wohnsitz von Annette von Droste-Hülshoff, 2008, Foto: imago / Rüdiger Wölk; **57 o.r.** Regenwolke, o. A.; © fotolia / canicula; **57 u.M.** Regenwurm, o. A.; **57 u.r.** von unbekannt: *Verschiedene Arten der Kapuzinerkresse: die gemeine Kresse* (Tropaeolum majus), um 1900; **58 o.** von unbekannt: *Passionsblume* (Passiflora coerulea), frühes 20. Jhd.; **58 u.** Anselm Feuerbach: *Pfingstrosen (Päonien)*, 1871 (Ausschnitt); **59 o.** Alfred Brehm: *Brehms Thierleben. Allgemeine Kunde des Thierreichs: Goldfasan* (Thaumalea picta), 1882; **59 u.** von unbekannt: *Datura fastuosa* (Schöner Stechapfel), o. J.; **60** Ramón Martí Alsina: *Der Garten von San Gervasio*, 1875, Foto: akg-images Berlin; **61** nach Joseph Schaly: *Cactus mammillaris, Cactus melocactus*, 1817, Foto: akg-images Berlin / Florilegius; **62** Walter Hood Fitch: *Caladium bicolor* (Südamerikanische Buntwurz), 1861 (Detail); **63** Louis van Houtte: *Flore des serres et des jardins de l'Europe: Caladium picturatum Troubetzkoyi* (Südamerikanische Buntwurz), 1858 (Detail); **64 u.l.** Henry Charles Andrews: *Rosa muscosa Provincialis var. flore pallida* (Moosrose), 1806; **64–65 u.** *The Illustrated Catalogue of Furniture and Household Requisites:* Glasschale mit Figurine aus Bronze-Imitat, um 1883; **65 o.** Carl Mayer nach Johann Baptist Zwecker: *Louise*, Mitte 19. Jhd., Foto: akg-images Berlin; **66** *The Illustrated Catalogue of Furniture and Household Requisites:* Weiden-Picknickkorb, um 1883; **67 M.r.** Kohl, o. A.; **67 u.** Christian Maximilian Baer: *Bäuerin im Gemüsegarten*, um 1900 (Ausschnitt), Foto: bpk / Bayerische Staatsgemäldesammlungen; **68 o.** Ernestine von Kirchsberg: *Bäuerin in ihrem Gemüsegarten*, 1899 (Ausschnitt); **68 u.** Olga Wisinger-Florian: *Im Garten*, um 1910 (Ausschnitt); **69 o.** Prof. Dr. Otto Wilhelm Thomé: *Flora von Deutschland, Österreich und der Schweiz: Pfirsich* (Prunus persica vulgaris Miller), 1885 (Ausschnitt); **69 u.** *The Illustrated Catalogue of Furniture and Household Requisites:* Gartenbogen, um 1883; **70** Hans Götzinger: *Bauerngarten*, 1928 (Ausschnitt); **71 o.** Zwiebel, o. A.; **71 u.** Karotte, o. A.; **72** Prof. Dr. Otto Wilhelm Thomé: *Flora von Deutschland, Österreich und der Schweiz: Weinstock* (Vitis vinifera), 1905 (Detail); **73 o.** Trunkener auf Weinfass, o. A.; **73 u.** Emile Claus: *Der alte Gärtner*, 1885 (Ausschnitt); **74** nach Karl Jaeger: Schiller auf der Gartenbank, Illustration zum Gedicht *Die Erwartung*, 1865; **75 o.** Georgina Martha de l'Aubinière: *Der vergessene Garten*, Foto: Bridgeman Art Library / Ferens Art Gallery; **75 u.** Handharke o. A.; **76 o.** *Kneipp`sche Pflanzenbilder: Erdbeere* (Fragaria vesca), frühes 20. Jhd.; **76 u.** Alfred Brehm: *Brehms Thierleben. Allgemeine Kunde des Thierreichs: Bienen*, 1882; **77** Reklamemarke: *Der Gärtner*, frühes 20. Jhd.; **78** Ferdinand Georg Waldmüller: *Bäume im Prater*, 1833 (Ausschnitt); **79 M.** *The Illustrated Catalogue of Furniture and Household Requisites:* Terracottaschale mit Sockel, um 1883; **79 u.r.** Ferdinand Georg Waldmüller: *Praterlandschaft*, um 1830 (Ausschnitt); **80** Adrian Ludwig Richter: *Die Kirche St. Annen zu Graupen in Böhmen*, 1836 (Ausschnitt); **81 o.** Photochrom: Goethes Gartenhaus im Park an der Ilm, Weimar, um 1890–1900; **81 u.** *Botanischer Bilder-Atlas, Tafel 20: gemeine Traubenkirsche, Ahlkirsche, Faulbaum, Vogelkirsche* (Prunus padus), 1884 (Detail); **82** Prof. Dr. Otto Wilhelm Thomé: *Flora von Deutschland, Österreich und der Schweiz: Zitterpappel* (Populus tremula), 1885 (Detail); **83 o.** Olga Wisinger-Florian: *Blühende Apfelbäume*, um 1906 (Ausschnitt); **83 u.** Prof. Dr. Otto Wilhelm Thomé: *Flora von Deutschland, Österreich und der Schweiz: Vogelbeere* (Sorbus aucuparia), 1885 (Detail); **84 o.&u.** *Vervolg op de Afbeeldingen der artseny-gewassen met derzelver Nederduitsche en Latyn-*

sche beschryvingen: *Pyrus communis* (Kultur-Birne), 1813 (Details); **85** Hainbuche, Weißbuche, Hagebuche, Hornbaum (*Carpinus betulus*), o. A., © fotolia / arquiplay77; **86 o.** Prof. Dr. Otto Wilhelm Thomé: *Flora von Deutschland, Österreich und der Schweiz: Mistel* (Viscum album), 1885; **86 u.** Prof. Dr. Otto Wilhelm Thomé: *Flora von Deutschland, Österreich und der Schweiz: Gemeiner Hartringel* (Ligustrum vulgare), 1885 (Detail); **87 M.** *The Illustrated Catalogue of Furniture and Household Requisites:* Gartenspritze *Protector*, um 1883; **87 u.** *Flora Batava of Afbeelding en Beschrijving van Nederlandsche Gewassen: Juniperus communis* (Gemeiner Wacholder), 1872 (Detail); **88 M.r.** Prof. Dr. Otto Wilhelm Thomé: *Flora von Deutschland, Österreich und der Schweiz: Kastanie* (Castanea sativa), 1885 (Detail); **88 u.** von unbekannt: Edelkastanie, Esskastanie, 1820, Foto: Picture Alliance / Mary Evans Picture Library; **89** Dr. Wilhelm Hamm: *Das Ganze der Landwirtschaft: Das Versetzen alter Bäume*, 1872, Foto: akg-images Berlin; **90 o.** nach Wilhelm Schirmer: *Seltsam geformte Eiche von 85 Fuss Höhe (…) im grossen Tiergarten* (Fürst-Pückler-Park Bad Muskau), Foto: akg-images Berlin; **90 u.** *The Illustrated Catalogue of Furniture and Household Requisites:* galvanisierte Eisen-Schubkarre, um 1883; **91** Auguste Hüssener: Hermann Ludwig Heinrich Fürst von Pückler-Muskau, 1837; **92** Théophile Alexandre Steinlen: *Bauer und Baum*, um 1900; **93** Friedrich Nerly: *Berankte Pappel*, 1835 (Ausschnitt); Foto: bpk / Hamburger Kunsthalle / Elke Walford; **94** Johann Wilhelm Meil: *Ein Holzfäller mit einer Axt über der Schulter*, o. J., Foto: bpk / Kupferstichkabinett, Staatliche Museen zu Berlin / Volker-H. Schneider; **95** Ferdinand Georg Waldmüller: *Alte Ulmen im Prater*, 1831 (Ausschnitt); **96** Ludwig Emil Grimm: *Die hohle Eiche bei Willinghausen*, 1824; **97 o.** Heinrich Wilhelm Trübner: *Buchen bei Bernried*, 1871 (Ausschnitt); **97 u.** Fotografie: fallende Ahornblätter, Foto: © fotolia / Ramona Heim; **98** Carl Larsson: *Im Küchengarten*, 1883 (Ausschnitt); **99 M.** *The Illustrated Catalogue of Furniture and Household Requisites:* Terracotta-Blumentopf, um 1883; **99 u.r.** Alfred Brehm: *Brehms Thierleben. Allgemeine Kunde des Thierreichs: Feldmaus* (Arvicola arvalis), 1882; **100 o.l.** Fotografie: Plectranthus SUMCOL 01, Coleus canina Hybr. (Verpiss-dich-Pflanze), 2010, Foto: Picture Alliance / Photoshot; **100 M.** Alfred Brehm: *Brehms Thierleben. Allgemeine Kunde des Thierreichs: Gemeine Florfliege, Larve* (Chrysopa vulgaris), 1882; **100 u.** Maria Sibylla Merian: *Blaue Lilien oder Garten-Iris*, 1679; **101 M.** *Naumanns Naturgeschichte der Vögel Mitteleuropas, Band IV, Tafel 42: Cuculus canorus* (Kuckuck), 1901; **102 o** *Brockhaus Bilder-Conversations-Lexikon* für das deutsche Volk: Nachtigall, 1837–1841; **102–103 u.** Erbsenschote, o. A.; **103 M.** *Meyers Großes Konversations-Lexikon: Wegschnecke* (Arion empiricorum), 1897; Foto: imago / imagebroker; **104** *The Illustrated Catalogue of Furniture and Household Requisites:* Gartenwalze mit geteiltem Walzenkörper, um 1883; **105** Walter Heubach: Ein europäischer Maulwurf erbeutet einen Engerling, um 1900; **106** Othmar Ruzicka: *Der Mäher*, 1912; **107 o.** *The Illustrated Catalogue of Furniture and Household Requisites:* Unkrautgabel, um 1883; **107 u.** *Brockhaus Bilder-Conversations-Lexikon* für das deutsche Volk: Igel, 1837–1841; **108 o.** Richard Lydekker: *The Royal Natural History: Maulwurfsgrille mit Eiern und Larven*, 1879; **108 u.** Spaten, o. A.; **109** Gustav Klimt: *Gartenweg mit Hühnern* (zerstört), 1916 (Ausschnitt); **110 o.** *Die Maulwurfsgrille* (Illustration zum Gedicht *Ein Antrag*), 2007, © F. W. Bernstein; **110 u.** Prof. Dr. Otto Wilhelm Thomé: *Flora von Deutschland, Österreich und der Schweiz: Großes Löwenmaul* (Antirrhinum majus), 1885 (Detail); **111** Fotografie: Löwenskulptur, Italienischer Garten, Garinish Island, Irland, o. J., Foto: © Elsemarie Maletzke; **112** Helen Allingham: *A Bit of Autumn Border*, o. J. (Ausschnitt); **113 M.r.** Prof. Dr. Otto Wilhelm Thomé: *Flora von Deutschland, Österreich und der Schweiz: Große Brennnessel* (Urtica dioica), 1885 (Detail); **113 u.r.** Theodor Hosemann: *Die Nachtigall*, 1863 (Ausschnitt), Foto: akg-images Berlin; **114 u.l.** Prof. Dr. Otto Wilhelm Thomé: *Flora von Deutschland, Österreich und der Schweiz: Scharfer Hahnenfuß* (Ranunculus acris), 1885 (Detail); **114 u.r.** Garten-Handschaufel, o. A.; **115 o.** Fotografie: Zaunwinde, 2009, Foto: Pixelio / Susanne Schmich; **115 u.l.** Drahtkorb, o. A.; **115 u.r.** Prof. Dr. Otto Wilhelm Thomé: *Flora von Deutschland, Österreich und der Schweiz: Gebräuchliche Kuhblume* (Taraxacum officinale), 1885 (Detail); **116** Ludwig Knaus: *Spaziergang im Tuileriengarten*, 1855 (Ausschnitt), Foto: akg-images Berlin; **117 M.** *The Illustrated Catalogue of Furniture and Household Requisites:* obeliskförmiges Terracotta-Endstück, um 1883; **117 u.r.** Johann Heinrich Hintze: *Potsdam, Schloss Sanssouci, Terrassen und Große Fontäne von Westen*, vor 1844 (Ausschnitt); **118–119 o.** Carl Spitzweg: *Der Sonntagsspaziergang*, 1841 (Ausschnitt); **118 u.** *The Illustrated Catalogue of Furniture and Household Requisites:* Gartenbank mit Markise, um 1883; **119 u.** Blumenkranz, o. A.; **120 o.** Photochrom: verwilderter Garten mit blauem Flieder, 1896; **120 u.** Blumenkohl, o. A.;**121** Rudolf Epp: *Die Kirschblüten*, 1885 (Ausschnitt); **122 o.** Käfer auf Blättern, o. A.; **122–123 u.** Maria Sibylla Merian: *Gartentulpen, Stachelbeere und Gelbe Stachelbeer-*

wespe, nach 1705 (Detail); **123** Valentin Ruths: *Der Frühling*, 1883, Foto: bpk / Hamburger Kunsthalle / Elke Walford; **124 o.** Prof. Dr. Otto Wilhelm Thomé: *Flora von Deutschland, Österreich und der Schweiz: Weißbuche* (Carpinus betulus), 1885 (Detail); **124 u.** Fotografie: blühender Zweig der Vogelkirsche (*Prunus padus*), o. J., Foto: © fotolia / Henrik Larsson; **125** Caspar David Friedrich: *Waldinneres bei Mondschein*, um 1823 – 1830 (Ausschnitt); **126** Nachtigall (*Luscinia megarhynchos*), o. A., © fotolia / Morphart; **127 o.** Charles-François Daubigny: Vignette für *Le Jardin des Plantes*: *Die Voliere der Sperlinge*, 1842; **127 u.** *Meyers Großes Konversations-Lexikon: Stubenvögel I. Heimische Stubenvögel*, 1905; **128 o.** von unbekannt: Hecke mit Beeren, um 1905, Foto: Picture Alliance / Mary Evans Picture Library; **128 u.** Beeren, o. A.; **129** Johann Wilhelm Schirmer: *Felsige Landschaft*, Mitte 19. Jhd., Foto: bpk / Kupferstichkabinett, Staatliche Museen zu Berlin / Volker-H. Schneider; **130** Carl Philipp Fohr: *Laube mit Steintisch im Englischen Garten des Heidelberger Schlosses*, 1816; **131 o.** *The Illustrated Catalogue of Furniture and Household Requisites:* Garten-Klappstuhl, um 1883; **131 u.** Carl Spitzweg: *Waldlandschaft mit großen Laubbäumen*, 19. Jhd. (Ausschnitt)

Iris Schürmann-Mock (Hg.)

O schöner, grüner Wald

Ein Lesespaziergang

160 S., geb., ISBN 978-3-8369-2638-6

Der Wald ist ein Ort, den die Menschen lieben und zugleich fürchten. Er wird erwandert, bewirtschaftet und geschützt. Und er wird beschrieben, besungen und bedichtet. Einige dieser zahllosen Texte zeigen in diesem Buch die vielen Facetten des Waldes, die märchenhaften wie die nützlichen, die sinnenfrohen wie die unheimlichen.
Tiefer noch führen die Bilder in den Wald hinein. Gemälde, Stiche und historische Fotografien laden ein, Vertrautes wiederzufinden oder aus anderen Blickwinkeln zu sehen und gleichzeitig Neues zu entdecken.

AUS DER VORBEMERKUNG

»Was macht fast so viel Vergnügen wie ein Waldspaziergang? Dieser Lesespaziergang! … Selten sprach ein Waldbuch so viele Sinne an.« *Hörzu*

www.gerstenberg-verlag.de

Iris Schürmann-Mock (Hg.)

Auf den Kirchhof wollt ich gehn

Ein Lesespaziergang über Friedhöfe

160 S., geb., ISBN 978-3-8369-2695-9

Auf Friedhöfen findet jeder, was er sucht: Trauernde erinnern sich, Gartenliebhaber bewundern die Anlage, historisch Interessierte machen auf alten Grabsteinen Entdeckungen. Niemals aber wird man diesen Ort ganz verstehen, ohne die starken Gefühle zu spüren, die hier beheimatet sind. Deshalb soll auch dieser »Lesespaziergang« mit seinen Texten und Bildern der Spur der Gefühle folgen. Hinter der Eingangspforte liegt eine eigene Welt, eine Welt tiefer Ruhe. Wer sich darauf einlässt, kann Abschied nehmen und sich wieder dem Leben zuwenden, das in vielerlei Gestalt zwischen den Grabsteinen zu finden ist.

AUS DER VORBEMERKUNG

»Wunderbare Gedichte und Auszüge aus Romanen aus verschiedenen Jahrhunderten – nicht nur traurig und melancholisch, sondern teilweise sehr witzig.«

DeutschlandRadio Kultur

www.gerstenberg-verlag.de

ELSEMARIE MALETZKE, Jahrgang 1947, veröffentlichte Biografien englischer Schriftstellerinnen (die Schwestern Brontë, George Eliot, Jane Austen, Elizabeth Bowen) und des Dichterpaars Barrett-Browning sowie Reisebücher und -gedichte, den Roman *Miss Burney trägt Grün* und den Gartenkrimi *Giftiges Grün*. Außerdem schreibt sie Reise- und Gartenbeiträge für *Die Zeit*, die *FAZ*, *Geo-Saison*, *Merian* u.a. Sie lebt in Frankfurt a. M.

Weitere Bildlegenden

EINBANDVORDERSEITE *Robert Reid:* Gartenpflege, *spätes 19. Jahrhundert.*

SEITE 1 Trellis *(Wildrose am Spalier), eines von William Morris' Tapetenmustern.*

SEITE 2 *Gustav Klimt:* Obstgarten mit Rosen, *1911/1912.*

SEITE 3 *Max Liebermann:* Die Gartenbank, *1916.*

SEITE 4–5 *Max Liebermann:* Garten und Haus am Wannsee, *1918.*

SEITE 6–7 Friedrich der Große pflanzt im Garten zu Rheinsberg Obstbäume. *Lithographie, 1840.*

Schreibweisen und Zeichensetzung der Texte entsprechen weitgehend der Textform in den zitierten Quellen. Der besseren Lesbarkeit willen wurden sie teilweise behutsam den heute gültigen Regeln angepasst.

1. Auflage 2013

Typografie, Gestaltung und Einbandgestaltung: Magdalene Krumbeck, Wuppertal
Druck und Bindung: TBB, a.s., Banská Bystrica
Printed in the Slovak Republic
ISBN 978-3-8369-2746-8

www.gerstenberg-verlag.de